D0939370

MANUAL PRÁCTICO PARA ESTIMULAR Y POTENCIAR LA MEMORIA

MANUAL PRÁCTICO PARA ESTIMULAR Y POTENCIAR LA MEMORIA

Jonathan Hancock

LEOPOLD
BLUME

LEOPOLD
BLUME

Título original:
Maximize your Memory

Traducción:
Margarita Gutiérrez Manuel
Médico Homeópata

**Revisión científica y técnica
de la edición en lengua española:**
Modesta Pousada Fernández
Departamento de Psicología Básica
Facultad de Psicología
Universidad de Barcelona

Diseño e ilustración de la cubierta:
Escletxa, Barcelona

**Coordinación de la edición
en lengua española:**
Cristina Rodríguez Fischer

Primera edición en lengua española 2001

© 2001 Naturart, S. A. Editado por BLUME
Av. Mare de Déu de Lorda, 20
08034 Barcelona
Tel. 93 205 40 00 Fax 93 205 14 41
E-mail: info@blume.net
© 2000 Quarto Publishing plc, Londres

I.S.B.N.: 84-8076-379-5

Impreso en Italia

Todos los derechos reservados. Queda prohibida
la reproducción total o parcial de esta obra,
por cualquier medio mecánico o electrónico,
sin la debida autorización por escrito del editor.

CONSULTE EL CATÁLOGO DE PUBLICACIONES *ON-LINE*
INTERNET: HTTP://WWW.BLUME.NET

CONTENIDO

EXTRAORDINARIAS POSIBILIDADES

NUESTRA MEMORIA ES EXCEPCIONAL. CADA SEGUNDO
DE CADA DÍA REALIZA MILAGROS.

PASEAR
*Derecha: la
memoria ocupa
el centro de
cualquier actividad
que realice,
incluso al pasear
por la ciudad.*

Cualquier momento de nuestra vida depende de la memoria. Tanto si paseamos, estudiamos, nos relajamos, hablamos, jugamos, o simplemente respiramos, siempre está en funcionamiento algún tipo de proceso de la memoria. La memoria nos permite movernos, comunicarnos, aprender, competir y mantenernos vivos. Los miles de millones de células de nuestro cerebro están continuamente en acción y conexión: acceden al recuerdo de palabras, caras, poemas, recetas, historias, técnicas, fechas, sensaciones; almacenan hechos, chistes, películas, libros, conversaciones, ideas; y archivan, una y otra vez, clasifican y criban enormes cantidades de información.

Se considera que un adulto medio conoce el significado de más de cien mil palabras de su lengua materna y retiene información equivalente a una enciclopedia de diez mil millones de páginas. El ordenador más potente del mundo tardaría cien años en conseguir lo que nuestro cerebro puede hacer en un minuto.

Así pues, ¿por qué da la impresión de que eso no es así? ¿Por qué se olvidan nombres, se nos pierden cosas, se nos pasa por alto una cita? ¿Por qué uno tiene que luchar con las nuevas técnicas, falla en los exámenes, olvida chistes, pierde el hilo de un pensamiento?

¿Siente que su mente trabaja cada vez más despacio, le desconcierta, le frena? Este libro cambiará esta situación. Aumentará la confianza en su memoria, de manera que será capaz de aplicarla en cualquier ámbito de su vida. Aprenderá a reforzar el maravilloso poder de su mente, así como a aplicarlo de la forma más práctica.

El secreto para mejorar su memoria es la imaginación. La memoria funciona utilizando imágenes y modelos y usted puede aprender a utilizar su imaginación para recordar. Si duda de su poder, simplemente considere lo que ocurre cuando duerme y sueña durante toda la noche.

ESTADOS DEL SUEÑO

Cuando soñamos podemos ir a cualquier parte, hacer cualquier cosa, explorar, experimentar, asumir riesgos y vivir fantasías. Cada noche demostramos el poder de nuestra mente para crear imágenes vívidas y para convertirnos en protagonistas de intrincadas historias.

El psicólogo Carl Jung aseguró que soñamos todo el tiempo, aunque no podemos darnos cuenta cuando estamos despiertos. Lo comparaba a la imposibilidad de ver las estrellas durante el día debido a que el cielo está demasiado luminoso. Para despertar el poder de nuestra memoria debemos descubrir cómo poner en marcha nuestra imaginación durante el día. Ésta es la respuesta a todos nuestros problemas de memoria. Con sólo un poco de imaginación podemos crear emocionantes imágenes y modelos que nos ayudarán a confiar a la memoria lo que queramos.

¿Desea aprender y recordar con facilidad incluso en las situaciones más estresantes? ¿Desea abandonar la costumbre de olvidar las cosas y empezar a utilizar las espectaculares posibilidades de su mente? Si la respuesta es afirmativa, siga leyendo. Está a punto de aprender todas las técnicas necesarias para sacar el máximo partido a su memoria.

REBOSANTE DE INFORMACIÓN

Derecha: nuestro cerebro es una de las herramientas más poderosas para el tratamiento y almacenamiento de la información. A pesar de que podemos sentirnos como si se hallara completamente lleno y careciese de un sistema para archivar, pronto aprenderemos cómo incrementar su potencial.

ALGUNOS MITOS SOBRE LA MEMORIA

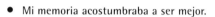

NO NECESITO UNA BUENA MEMORIA

Es tentador pensar que podemos salir del paso con la memoria que tenemos. Puede no ser demasiado perfecta, aunque nos sentimos cómodos con ella. Pero, ¿realmente es así? Si alguna de las siguientes afirmaciones puede aplicarse a su caso es porque su memoria es capaz de mejorar:

«LO TENGO EN LA PUNTA DE LA LENGUA»
Superior: al mirar las fotografías del álbum escolar, ¿reconoce las caras pero es incapaz de recordar los nombres? Esta situación es habitual y puede superarse mediante un entrenamiento adecuado de la memoria.

- Mi memoria acostumbraba a ser mejor.
- A menudo tengo problemas para asociar un nombre a una cara.
- Con frecuencia tengo que comprobar los números de teléfono, los aniversarios, las citas y las direcciones.
- Me preocupa tener que exponer un discurso de memoria.
- Me supone un gran esfuerzo estudiar un examen o aprender nuevas estrategias.
- No puedo contar con que mi memoria funcione cada vez que la necesito.

CULTURA GENERAL
Superior: en la escuela aprendemos conceptos generales como las capitales del mundo, pero estos conocimientos pueden «perderse» en la edad adulta. Mediante la utilización de estrategias mnemotécnicas puede asegurarse de que los conocimientos de cultura general seguirán en su mente y que podrá acceder a ellos fácilmente para realizar pruebas.

LISTA DE DESEOS PARA LA MEMORIA

Ahora considere los ámbitos de su vida que podrían mejorar con cierto entrenamiento de la memoria:

- Me sentiría más seguro al conocer y dirigirme a nuevas personas.
- Recordara todos los pequeños detalles que necesito en la vida cotidiana: números de teléfono, aniversarios, listas de la compra, direcciones y recetas.
- Pudiera hablar de memoria y hacer que los que me escuchasen se divirtieran y recordasen lo que he dicho.
- Las redacciones, e-mails y cartas que escribiera fueran fáciles de recordar.
- Pudiera mejorar mi organización, ganar tiempo, disfrutar más de la vida.
- Progresara en mis deportes favoritos y pudiera aprender nuevas técnicas.
- Fuera más creativo, imaginativo y emprendedor.
- Tuviera confianza en que mi capacidad de memoria se mantiene fuerte y sana.

EL PODER DE LA PALABRA ESCRITA

Derecha: es tentador anotar las cosas antes que almacenarlas en la memoria. Sin embargo, el confiar en los recuerdos escritos no siempre es factible y, en ocasiones, puede fallarle. Su memoria es mucho más poderosa de lo que usted cree y puede utilizarse al máximo.

MI MENTE NO ES CAPAZ

Algunas personas ironizan: «lo que he olvidado es mi memoria». Si considera que esta exageración esconde algo de verdad, es porque hace especial hincapié en los puntos débiles de sus estrategias de recuperación de información y pasa por alto los extraordinarios poderes de su memoria. Cuando trabaja, lo realiza brillantemente, y le hace retroceder décadas, le da acceso a innumerables nombres, hechos, canciones y habilidades. De hecho, usted posee vastas cantidades de información tanto de su vida profesional como de su vida privada.

La memoria no tiene nada que ver con la inteligencia, ni con el proceso de envejecimiento. La experiencia de recordar cambia con la edad, pero las últimas investigaciones sugieren que con un poco de entrenamiento y práctica su mente puede estimularse constantemente, a medida que pasan los años. El truco consiste en aprender a usar su memoria para que trabaje bien cada vez que necesite de ella.

COMO UN JUEGO
DE CARTAS
Inferior: a menudo, su memoria puede parecerse a un truco de cartas, y le sorprende cuando menos se lo espera. El entrenamiento de la memoria le permite usar esta característica a su favor.

EL ENTRENAMIENTO DE LA MEMORIA ES COMPLICADO, NECESITA MUCHO TIEMPO Y ES ABURRIDO

Con frecuencia, las personas que temen enfrentarse a sus problemas de memoria ponen estas excusas. De hecho, mejorar la memoria debería resultar relativamente sencillo, rápido e interesante. Cuando utiliza su memoria de forma ineficaz, las tareas mentales parecen complicadas, tediosas y lentas. Por el contrario, las estrategias mnemotécnicas de este libro le aclararán y organizarán la nueva información, al transformar las tareas tediosas en ideas vivas y evocadoras. En poco tiempo, el aprendizaje se convertirá en algo rápido, directo y divertido.

ESTRATEGIAS MNEMOTÉCNICAS

¿HASTA QUÉ PUNTO PUEDE CONTROLAR SU MEMORIA? INTENTE LA SIGUIENTE PRUEBA. HÁGALO TAN DESPACIO COMO DESEE Y OBSERVE SI SE ACERCA A LA RESPUESTA CORRECTA.

OMITIR LO EVIDENTE

Inferior: al responder a preguntas como la de la historia del autobús, con frecuencia podemos pasar por alto los hechos más obvios y pensar que no conocemos la respuesta. Si reflexiona cuidadosamente sobre los datos un par de veces, se sorprenderá de cómo es capaz de responder mucho más que si lo hace sin pararse a pensar en lo que le preguntan.

Usted es conductor de autobús y en su primera parada de la mañana suben ocho pasajeros. En la segunda bajan tres personas y suben siete. En la siguiente, sólo desciende una persona, pero sube un gran grupo de escolares, diecinueve en total. En la siguiente parada bajan cinco personas y suben dos. Una parada después suben siete personas más. En la sexta parada de la ruta bajan once personas y suben cuatro.

La pregunta es:
¿Cuál es el nombre del conductor?

Antes de quejarse de que le han tomado el pelo, repase las palabras iniciales del problema. Conoce la respuesta, simplemente se ha despistado. Usted es el conductor, de manera que, obviamente, la respuesta correcta es su nombre.

Es fácil desviar la atención y olvidar cosas sencillas que acabamos de ver.

He aquí otro experimento. Lea en voz alta esta conocida frase:

· ·

MÁS VALE
PÁJARO EN
EN MANO
QUE CIENTO VOLANDO

· ·

Ahora mire de nuevo. ¿Ha leído exactamente lo que está escrito: «Más vale pájaro en en mano que ciento volando»? En ocasiones confiamos demasiado en nuestra memoria y ésta puede darnos la respuesta incorrecta. En el problema del conductor de autobús, la mayoría de las personas dan por sentado que no conocen la respuesta cuando de hecho sí la conocen. En esta prueba ocurre lo contrario; asumen demasiado y nuevamente su mente les hace caer en la trampa.

Pero es importante darse cuenta de que nosotros también podemos poner trampas a nuestra memoria. Por ejemplo, intente este desafío para la memoria. Tiene 10 segundos para memorizar este número:

6 0 2 4 7 4 3 2 8 2 9 3 0 3 1 5 2 3 6 5 3 6 6

¿Lo ha conseguido? Posiblemente existe un método mejor para aprender esta información. Fíjese con mayor atención y observe que no se trata de una lista aleatoria de dígitos. Está formada por ciertos números muy significativos según un patrón lógico.

FACTORES TEMPORALES
Superior: informaciones tales como el número de segundos de un minuto o las horas del día se aprenden a temprana edad y es muy raro que se olviden. Esta información puede actuar como un resorte para memorizar y recordar hechos más especializados.

60 minutos de una hora
24 horas de un día
7 días de una semana
4 semanas de un mes
28, 29, 30 o 31 días de un mes
52 semanas de un año
365 o 366 días de un año

Ahora que sabe cómo se ha formado el número, intente escribirlo de memoria.

El poder de su memoria puede potenciarse, generalmente de forma muy sencilla. Debido a la manera en que trabaja la mente, las estrategias mnemotécnicas pueden actuar en su favor sin gran esfuerzo.

IMAGINACIÓN

NAPOLEÓN AFIRMÓ: «LA IMAGINACIÓN MUEVE EL MUNDO». ÉL PLANIFICABA
SUS BATALLAS EN SU IMAGINACIÓN, LLEVABA CADA DETALLE Y CADA
POSIBLE ÉXITO DE LA VIDA EN SU MENTE.

La imaginación es la clave para mejorar su memoria y tomar el control de su vida.
Funciona mediante dos mecanismos que se refuerzan el uno al otro. Nuestra
imaginación nos permite recordar más y a su vez las estrategias mnemotécnicas
mejoran nuestra imaginación. Así, conseguiremos una mayor capacidad para resolver
los problemas de forma creativa y alcanzar el éxito.

Los niños utilizan muy bien la imaginación. ¿Recuerda cómo era
de pequeño? Sentía curiosidad por las cosas, las experimentaba,
exploraba las posibilidades. Imaginaba amigos invisibles,
interpretaba los juegos hasta hacerlos creíbles y aprendía
acerca del mundo con la ayuda de la imaginación.

Los libros infantiles están llenos de imágenes y sus relatos
son emocionantes. Cuando de pequeños empezamos a escribir
historias sobre nosotros mismos, todavía se nos permite
ilustrarlas con vivos colores. Sin embargo, desafortunadamente,
a partir de cierto momento, en el colegio, se nos indica que
debemos dejar de adornar nuestros trabajos; que debemos usar
el mismo color para casi todo; escribir correctamente y utilizar
líneas rectas, así como aplicar la lógica a las cosas. Los libros
de texto contienen cada vez menos imágenes o relatos.
La imaginación queda relegada a un segundo término.

Para potenciar su memoria debe empezar a pensar
nuevamente como un niño. Al principio se sentirá un poco raro,
pero esto se debe sólo a que ha perdido práctica. Puede
redescubrir cómo trabajaba su mente cuando el aprendizaje
era un proceso natural. No se preocupe si su imaginación
parece demasiado oxidada. He aquí algunos ejemplos que
le demostrarán que sigue funcionando perfectamente.

AFILADO Y PENETRANTE

Piense en un limón. A los ojos de su mente es de forma ovalada y de un color amarillo brillante; imagine la sensación al tocarlo. Ahora imagínese que coge un cuchillo afilado y parte el limón por la mitad, toma una de las mitades y la lame. ¿Está produciendo saliva? Simplemente la idea de lamer un limón provoca una respuesta física, tal es el poder de la imaginación.

Ahora visualice una vieja pizarra. Toque su superficie para recordar la sensación que le provoca. Figúrese que alguien rasca lentamente su superficie con un hierro oxidado. ¿Le provoca escalofrío? De nuevo su imaginación ha sido lo suficientemente fuerte como para engañar a sus sentidos.

Sin imaginación debe enfrentarse a las cosas tal y como le vienen dadas. En cambio, con este libro aprenderá cómo manipular cualquier tipo de información hasta recordarla sin ningún esfuerzo. En poco tiempo se encontrará como en su casa, reviviendo el lado infantil de su mente. La imaginación le proporcionará el control sobre su memoria y, de nuevo, el aprendizaje se convertirá en algo fácil y eficaz.

SOLDADOS DE GUERRA
Imagen principal: incluso en el juego, las estrategias militares requieren de imaginación, así como de experiencia y lógica, para llevar a cabo las batallas con éxito y sorprender al enemigo. Al desarrollar su imaginación, contará con una valiosa arma para enfrentarse a los retos de la vida cotidiana.

AGUDICE SUS SENTIDOS
Superior: las imágenes del cuchillo y el limón son un claro recordatorio de cuán poderosa puede llegar a ser nuestra imaginación al experimentar recuerdos sensoriales.

CREE SU PROPIA MOTIVACIÓN

Este libro contiene información, consejos y ejercicios que le ayudarán a desenvolverse en cualquier ámbito de la vida cotidiana. Es importante aplicar estas técnicas a su vida en la mayor medida posible. Siempre que aprenda un nuevo recurso mnemotécnico debe pensar en cómo utilizarlo a la menor oportunidad en una situación real.

El propósito final es sentirse completamente seguro de su memoria de manera que sea capaz de enfrentarse a cualquier tipo de aprendizaje. Al finalizar este libro, sentirá que controla su mente, la cual estará equipada de estructuras claras en las que introducir toda la información que necesite. Las técnicas arrojan unos resultados impresionantes y no se trata simplemente de juegos para amenizar una fiesta. Cada una de ellas cuenta con un beneficio práctico y le

ayudan a focalizar su pensamiento. No tema que su cerebro se bloquee: aprenderá sencillos métodos para eliminar datos que ya no necesite.

No se desanime si en un primer momento alguna de las técnicas parece complicada. Los viejos hábitos pueden estar profundamente arraigados, pero rápidamente cosechará los beneficios de cada una de estas nuevas habilidades. Vale la pena invertir algo de tiempo en aprender cómo aprender; en una ocasión, Abraham Lincoln dijo que si dispusiera de seis horas para talar un árbol, ocuparía las cuatro primeras en afilar el hacha.

LA PREPARACIÓN
ES ESENCIAL
Imagen principal: Abraham Lincoln puso de manifiesto la importancia de la preparación cuando dijo: «Si dispusiera de seis horas para talar un árbol, ocuparía las cuatro primeras en afilar el hacha».

PRIORICE SUS NECESIDADES MEMORÍSTICAS

La motivación es un factor clave en cualquier tarea de aprendizaje. ¿Qué puedo encontrar aquí para mí? Para ayudarle a aclarar sus objetivos, lea la siguiente lista. Valore la importancia que cada grupo tiene en relación con sus necesidades, y valórelos del 0, para lo no importante, hasta el 10, para lo crucial.

- Recordar listas: la compra, tareas a realizar, objetos que guardar.

- Aprender nombres y sentirse seguro en una reunión social o de trabajo.

- Mejorar en los deportes.

- Estudiar para pruebas y exámenes.

- Recordar direcciones.

- Recordar libros, artículos y cartas.

- Pronunciar discursos de memoria.

- Aprender lenguas extranjeras.

- Recordar recetas, técnicas y procedimientos.

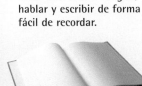

- Mejorar la organización.

- Ser más creativo.

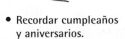

- Mantener en forma la memoria al envejecer.

- Recordar cumpleaños y aniversarios.

- Crear una buena imagen; hablar y escribir de forma fácil de recordar.

- Recordar números de teléfono, códigos PIN, números de documentos, la clave de la alarma.

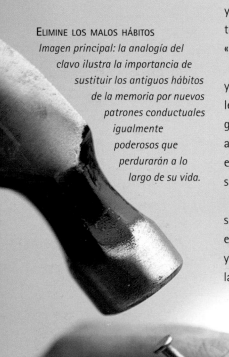

ELIMINE LOS MALOS HÁBITOS
Imagen principal: la analogía del clavo ilustra la importancia de sustituir los antiguos hábitos de la memoria por nuevos patrones conductuales igualmente poderosos que perdurarán a lo largo de su vida.

Cuanto más pronto empiece a establecer los nuevos hábitos de aprendizaje, antes desaparecerán las antiguas costumbres y se instaurarán de forma natural estas eficaces y divertidas técnicas. Tal y como afirmó el sabio renacentista Erasmo: «un clavo saca a otro clavo; un hábito descarta otro hábito».

Este libro le enseñará por qué recuerda ciertas cosas y le ayudará a contar con estrategias para que la información le sea fácil de recordar. Al principio plantea estrategias generales, que se hacen cada vez más específicas para aquellos datos más especiales. Incluye experimentos y ejercicios de ayuda, así como pruebas regulares para valorar sus progresos.

Es un viejo dicho pero es cierto: cada día empieza con un simple paso. A pesar de lo ineficaz que le pueda parecer en este momento su memoria, es posible despertar todo su poder y volver de nuevo a confiar en ella. Prepárese a iniciar la optimización de su memoria.

PRIMERA PRUEBA DE PROGRESO

¿QUÉ NIVEL TIENE SU MEMORIA? ANTES DE QUE EMPIECE A UTILIZAR SU MEMORIA DE FORMA EFICAZ, ES INTERESANTE VALORAR CÓMO ES SU MEMORIA EN ESTE MOMENTO.

Esta prueba comprende cuatro secciones: nombres y caras, palabras, números, y listas. Se necesitan unos 30 minutos para completar toda la prueba. Siga con cuidado las instrucciones, cumpliendo estrictamente los límites de tiempo. No se preocupe si no lo hace bien. Su éxito al finalizar el libro se medirá en relación a sus primeros intentos en este punto. Encontrará las preguntas que debe responder en la página siguiente.

LISTAS DE PALABRAS

MEMORICE ESTAS DOS LISTAS. TIENE PARA ELLO 5 MINUTOS. LA PRUEBA SE COMPLETA EN LA PÁGINA SIGUIENTE.

Lista A

1 fresas
2 pan
3 cerillas
4 vino
5 pavo
6 galletas
7 queso
8 judías guisadas
9 paño de cocina
10 jamón

Lista B

1 limpiar el coche
2 recoger la ropa de la tintorería
3 renovar el pasaporte
4 sacar a pasear al perro
5 llevar los libros a la biblioteca
6 recoger a Juan en el aeropuerto
7 escribir la carta al banco
8 recoger las fotografías
9 telefonear a Cristina
10 reservar los billetes de avión

NÚMEROS

BAJO ESTAS LÍNEAS SE ENCUENTRAN SEIS NÚMEROS DE TELÉFONO FICTICIOS. TIENE 15 MINUTOS PARA MEMORIZARLOS. CUANDO HAYA TRANSCURRIDO EL TIEMPO, PASE LA PÁGINA PARA EVALUARSE USTED MISMO.

garaje: 2562678
cine: 7890982
restaurante: 2550183
librería: 6277818
museo: 1290835
banco: 9389635

PALABRAS

DÉSE A SÍ MISMO UN PAR DE MINUTOS PARA LEER ESTA LISTA DE 15 PALABRAS. GIRE LA PÁGINA PARA COMPROBAR CUÁNTOS DATOS ES CAPAZ DE RECORDAR.

botella
árbol
caballo
música
cuchara
derecha
agujero
tiempo
feria
mesa
velero
abertura
cielo
gota
mano

NOMBRES Y CARAS

DISPONE DE DOS MINUTOS PARA FIJARSE EN LAS SIGUIENTES 10 CARAS Y NOMBRES. TAN PRONTO COMO SE HAYA AGOTADO EL TIEMPO PASE A LA PÁGINA SIGUIENTE PARA VALORAR USTED MISMO LOS RESULTADOS.

Ángela Oliver

Juan Cardenal

Luisa Ruiz

Julia Tomé

Ricardo Montes

Lucas Aguilar

María Silvestre

Luis Rosi

Nicolás Buñuel

Pedro Páez

¿CÓMO LO HA HECHO?

¿ES CAPAZ DE CONTESTAR DE MEMORIA A LAS SIGUIENTES PREGUNTAS? ANOTE SUS RESPUESTAS Y COMPRUEBE EL RESULTADO CON LOS DATOS DE LA PÁGINA ANTERIOR. RECUERDE, ¡NO HAGA TRAMPAS!

LISTAS DE PALABRAS

ESCRIBA DE MEMORIA LAS LISTAS A Y B.

ANÓTESE UN PUNTO POR CADA DATO RECORDADO EN LA POSICIÓN CORRECTA.

Lista A	*Lista B*
1	1 ....
2	2 ....
3	3 ....
4	4 ....
5	5 ....
6	6 ....
7	7 ....
8	8 ....
9	9 ....
10	10 ....

6   *5*

NÚMEROS

¿CUÁL ES EL NÚMERO DE TELÉFONO DEL:

banco? ....

museo? ....

cine? ....

librería? ....

restaurante? ....

garaje? ....

ANÓTESE CINCO PUNTOS POR CADA NÚMERO DE TELÉFONO RECORDADO.

25

PALABRAS

¿ES CAPAZ DE RECORDAR, EN EL ORDEN CORRECTO, LAS 15 PALABRAS? ANÓTESE DOS PUNTOS POR CADA PALABRA CORRECTA.

....

....

....

....

....

....

....

....

....

....

....

....

....

....

....

NOMBRES Y CARAS

¿QUIÉNES SON ESTAS 10 PERSONAS?

ANÓTESE UN PUNTO POR CADA NOMBRE Y OTRO PUNTO POR CADA APELLIDO QUE RECUERDE CORRECTAMENTE.

....
....

....
....

....
....

....
....

....
....

CUANDO HAYA ACABADO CALCULE SU PUNTUACIÓN FINAL, TENIENDO EN CUENTA QUE LA PUNTUACIÓN MÁXIMA ES 100. ANOTE ESTA PRIMERA PUNTUACIÓN DE SU MEMORIA Y PREPÁRESE A VERLA ASCENDER A MEDIDA QUE DESARROLLE SUS HABILIDADES MNEMOTÉCNICAS.

56

RESUMEN

LA MEMORIA INTERVIENE EN TODOS LOS ASPECTOS DE LA VIDA. CUANTO MEJOR SEA SU MEMORIA, MAYOR SERÁ SU ÉXITO EN EL ÁMBITO LABORAL, ESCOLAR, DEPORTIVO, SOCIAL, EN LOS VIAJES Y EN LAS TAREAS COTIDIANAS.

EL CEREBRO HUMANO es la máquina pensante más avanzada que existe. Su memoria tiene una excepcional capacidad y la mayor parte del tiempo funciona muy bien. Sin embargo, también nos deja en la estacada, lo que puede convertirse en una fuente de ansiedad y frustración. Lograr que la memoria trabaje correctamente consiste en despertar y utilizar nuestra poderosa imaginación.

No crea en los mitos que existen sobre la memoria. Una buena memoria es esencial en cualquier momento de su vida, y usted dispone de toda la capacidad necesaria para mejorarla. No se deje convencer de que la edad es un obstáculo para disfrutar de una buena memoria; aprenda a mantener su cerebro activo, y su memoria permanecerá fuerte y sana.

Las estrategias mnemotécnicas no son complicadas. Por el contrario, le ayudan a simplificar y organizar la información. De hecho, la imaginación es el secreto de una organización eficaz. Para tomar contacto con su imaginación, aprenda a pensar nuevamente como un niño: sea curioso en relación a las nuevas informaciones y aprenda a explorarlas desde nuevas perspectivas. En lugar de luchar con una información presentada en un formato duro y rígido, aprenda a utilizar su imaginación para convertirla en un material evocador.

Finalmente, busque motivaciones. Asegúrese de que sabe por qué necesita recordar y qué conseguirá con ello; y tenga siempre en mente que el tiempo empleado en la preparación constituye una valiosa inversión.

LOS CAMINOS DE LA MENTE

EN LAS POÉTICAS PALABRAS DEL FISIÓLOGO INGLÉS CHARLES SHERRINGTON LEEMOS: «EL CEREBRO HUMANO ES UN TELAR ENCANTADO CUYOS MILLONES DE PASES DE LA DESTELLANTE LANZADERA TEJEN UN MODELO QUE SE DESVANECE, UN PATRÓN SIEMPRE SIGNIFICATIVO, AUNQUE NUNCA DURADERO, UNA ARMONÍA CAMBIANTE DE SUBMODELOS. ES COMO SI LA VÍA LÁCTEA ENTRARA EN UNA ESPECIE DE DANZA CÓSMICA». ESTE CAPÍTULO EXPLICA CÓMO TRABAJAN DÍA A DÍA LOS MECANISMOS CEREBRALES.

¿Qué es la memoria?

DURANTE AL MENOS DOS MIL AÑOS EL HOMBRE HA ESPECULADO SOBRE QUÉ PUEDE SER LA MEMORIA, DÓNDE PUEDE LOCALIZARSE Y CÓMO PUEDE TRABAJAR, AUNQUE LA VERDADERA INVESTIGACIÓN CIENTÍFICA SÓLO HA SIDO POSIBLE DURANTE LOS ÚLTIMOS CIEN AÑOS.

Para Aristóteles, en la antigua Grecia, la memoria se parecía a una tabla de cera. La información era como marcas grabadas en la cera. Estas marcas permanecían claramente visibles durante una temporada, pero desaparecían con el tiempo. A pesar de sus limitados conocimientos sobre las complejidades físicas del cerebro, Aristóteles parece haber entendido el porqué las imágenes y las asociaciones son tan importantes para la memoria. Asimismo, Platón estaba fascinado por la memoria y reconoció el valor de su entrenamiento. Al igual que Aristóteles, vivió en una época en que la memoria era venerada como una deidad, Mnemósine, madre de las musas, diosa de las artes y las ciencias. En el siglo I a. C., el gran orador romano Cicerón se preguntaba si la memoria podría realmente ser «los restos de cosas registradas en la mente». Contaba con asombrosos poderes para recuperar la información. Se cree, por ejemplo, que utilizó varias de las técnicas que se explican en

EN EL INTERIOR DE LA MENTE
Superior: la resonancia magnética nuclear (RMN) genera imágenes anatómicas detalladas del cerebro. Utilizada originariamente para la detección de enfermedades del cerebro y de la médula espinal, también nos proporciona una intrigante visión de nuestra estructura física y nos revela la forma exacta del cerebro.

MEMORIA INFANTIL
Superior: nuestra memoria física se desarrolla rápidamente en la edad infantil cuando aprendemos a andar, hablar y pensar.

este libro para dirigirse al Senado apoyándose únicamente en la memoria. Sus planteamientos sobre la naturaleza y la localización de la memoria han sido estudiados por pensadores y científicos de todas las épocas.

¿CÓMO FUNCIONA EL CEREBRO?

En ciertos aspectos, cuanto más detallado es el mapa del cerebro menos lo entendemos. Lo que debemos saber es que miles de millones de células cerebrales (neuronas) se interconectan y comunican mediante impulsos eléctricos que son capaces de salvar la separación (sinapsis) entre una célula y otra. Las sustancias químicas que permiten la transmisión de estos impulsos son conocidas como neurotransmisores. El déficit de ciertos neurotransmisores se asocia a procesos como la enfermedad de Alzheimer. Los científicos son capaces de observar estas comunicaciones en acción e investigar qué ocurre cuando se crean conexiones nuevas en nuestra memoria. El hallazgo más patente es la complejidad de las comunicaciones internas. Para conectar los miles de millones de neuronas existen alrededor de diez millones de conexiones. Generaciones pasadas intentaron establecer la

localización de recuerdos específicos, pero hoy en día se cree que más que estar ordenados en un lugar específico del cerebro, los recuerdos están dispersos en el sistema de conexiones.

Algunos expertos comparan la memoria a un holograma. Si usted rompe un holograma, cada pedazo roto sigue conteniendo la imagen completa, sólo que más tenue. Otros comparan la mente con píxels individuales —como los miles de puntos que forman la pantalla de un ordenador—. Las analogías de este tipo pueden hacernos comprender, en cierta manera, la memoria, e indican cuánto queda por descubrir respecto a sus mecanismos.

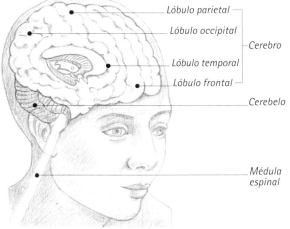

ESTRUCTURA DEL CEREBRO
Superior: el cerebro, el centro de control del organismo, está dividido en dos mitades, los hemisferios cerebrales derecho e izquierdo. Los lóbulos temporales, localizados en la parte lateral del cerebro, dirigen las funciones de la memoria y las emociones, mientras que los otros lóbulos controlan las funciones motoras, los impulsos sensoriales y la visión.

Lóbulo parietal
Lóbulo occipital
Cerebro
Lóbulo temporal
Lóbulo frontal
Cerebelo
Médula espinal

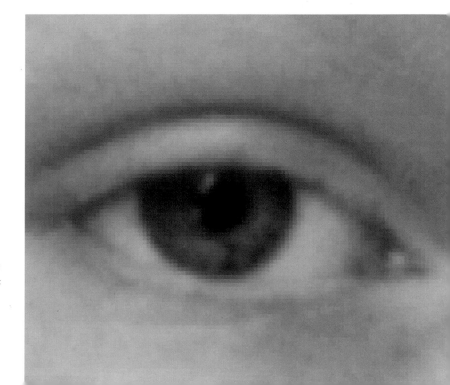

¿LA MEMORIA ESTÁ FORMADA A BASE DE PUNTOS?
Derecha: los píxels no significan nada mientras no se encuentran activados con otros. En la pantalla puede aparecer una palabra o una imagen, incluso puede moverse por ella, debido a que los píxels aparecen y desaparecen en diversas combinaciones, pero, ¿puede usted decir dónde está el mensaje? ¿En algún lugar, en ningún lugar, en todas partes...?

DIVERSAS MEMORIAS

NUESTRA COMPRENSIÓN DE LA MEMORIA SE COMPLICA MÁS TODAVÍA SI TENEMOS EN CUENTA LAS DIFERENTES FORMAS QUE PUEDE PRESENTAR. PARA LA MAYORÍA DE LAS PERSONAS, LA MEMORIA CONSISTE EN LA CAPACIDAD PARA RECORDAR SUCESOS DEL PASADO. PERO ÉSTA ES SÓLO UNA DE LAS FUNCIONES DE TODA UNA SERIE DE SISTEMAS DE MEMORIA.

Hace más de 40 años, un paciente conocido como H. M. fue sometido a un tratamiento para la epilepsia. El procedimiento consistió en trepanarle el cráneo y eliminar parte de su cerebro. Se curó de su epilepsia pero la operación tuvo un peculiar efecto sobre su memoria. H. M. no era capaz de recordar las cosas que le ocurrían pero podía aprender nuevas habilidades, aunque no tuviera ni idea de dónde las había aprendido. No había «perdido su memoria» porque disponía de más de un tipo de memoria, como ocurre con todo el mundo.

Imagine la siguiente situación. Ha conducido a través de la ciudad para tomar una copa con Juan y cuando está sentado junto a él recordando viejos tiempos se aproxima una mujer. Juan se la presenta, es su hermana, y da la casualidad de que está interesada en ir a un partido de fútbol femenino para el cual usted dispone de entradas. Le da su número de teléfono y se citan la tarde del día siguiente.

¿Cuántos tipos de memoria están implicados en esta escena?

Usted recordó la cita con Juan, así como dónde y cuándo habían quedado. Supo cómo conducir el coche sin tener que pensarlo conscientemente y reconoció a Juan cuando lo vio. Fue capaz de conversar porque recuerda miles de palabras y pudo recordar objetos, personas y conceptos a los que se hacía referencia. Sus recuerdos del pasado volvieron a la vida al hablar

UTILIZAR TODAS NUESTRAS MEMORIAS
Derecha: cuando recordamos experiencias personales, la presencia de objetos habituales, como una jarra de cerveza, puede recordarse precisamente porque nos son familiares. Paradójicamente, los sucesos poco habituales, como un partido de fútbol femenino, hacen mella en nuestra mente porque se salen de lo habitual.

CANTE UNA DULCE
BALADA
*Inferior: las melodías
musicales y los
ritmos son fáciles
de recordar cuando
reflejan experiencias
personales y
emotivas.*

de los viejos tiempos. Almacenó nueva información cuando llegó la hermana de Juan y creó el recuerdo para poder encontrarse con ella al día siguiente.

Además, también recordó cómo beber al mismo tiempo que evocaba el pasado y escuchaba a Juan. Al conducir se apropió de nuevos detalles sobre lo que le rodeaba, mientras tarareaba una canción de la radio y recordaba dónde se encontraba la primera vez que la escuchó...

Esta escena pone en evidencia los cuatro tipos principales de memoria y cómo se relacionan unos con otros.

MEMORIA EPISÓDICA

La memoria episódica recuerda sucesos del pasado. Este tipo de recuerdos pueden jugarnos fácilmente malas pasadas. Así, por ejemplo, si investiga entre sus recuerdos más lejanos, es probable que descubra un gran número de inexactitudes. Por un momento escoja algún suceso mundial y piense dónde se encontraba cuando tuvo noticia de él.

Probablemente lo habrá contado a otras personas, pero ¿qué hay de verdad en su recuerdo? Considere la totalidad de los detalles: artículos de periódico, fotografías y la memoria de los demás. La memoria episódica deja más puertas abiertas de las que podría imaginar.

La memoria episódica es la que le permite recordar episodios de su juventud o infancia.

MEMORIA SEMÁNTICA

La memoria semántica alberga el conocimiento del mundo. Recuerda lo que es un gato, su número de teléfono y que la Tierra gira alrededor del Sol. La memoria episódica y la semántica se hallan entrelazadas pero parecen situarse en zonas cerebrales distintas. Éste es el motivo por el que una persona puede sufrir el deterioro de una de ellas sin que la otra experimente un cambio notable.

Alguien que haya sufrido una apoplejía, por ejemplo, puede ser capaz de recordar dónde se guarda el azúcar (episódica), pero ser incapaz de recordar la palabra que define este granulado blanco y dulce (semántica).

El conocimiento general del mundo, en su mayor parte adquirido durante los primeros años de vida, está gestionado por nuestra memoria semántica.

AL COMPÁS DEL RELOJ
*Derecha: una manera habitual de
evaluar su memoria es darse un
tiempo limitado para recordar
una información. Esto es
especialmente divertido cuando
se realiza con un amigo.*

COMPARACIÓN DE LA MEMORIA EPISÓDICA Y LA SEMÁNTICA

Compare su memoria episódica y semántica con esta prueba. Cuenta exactamente con un minuto para escribir tantas palabras como se le ocurran que empiecen por la letra «S».

Una vez haya acabado, tómese otro minuto para escribir tantos alimentos (no bebidas), como sea capaz, que empiecen por cualquier letra. Ahora, compare ambas listas. ¿Son de la misma longitud o la primera es más larga que la segunda?

Se trata de una prueba empleada tradicionalmente para diagnosticar la pérdida de la memoria semántica. La mayoría de las personas escriben poco más o menos el mismo número de palabras en ambas listas, pero las personas con problemas en la memoria semántica escribirán con diferencia menos palabras en la segunda lista. Pueden recordar palabras relacionadas simplemente por su apariencia (la misma letra inicial), pero les cuesta mucho más recordar palabras que pertenezcan a una misma categoría semántica (en este caso alimentos). Éstos son los cuatro tipos tradicionales de la memoria, aunque la mente trabaja a través de interconexiones complejas, de manera que

MEMORIA DE PROCEDIMIENTO

La memoria de procedimiento se encarga de las informaciones que «nunca se olvidan». Cada día realizamos innumerables tareas que no requieren un pensamiento consciente (caminar, nadar, bailar), y estos recuerdos son los más resistentes de todos. En muchos casos, personas con importantes pérdidas de memoria mantienen su capacidad para tocar un instrumento musical.

*La memoria de procedimiento se ocupa de
informaciones tales como montar en bicicleta.*

MEMORIA PROSPECTIVA

La memoria prospectiva nos permite planificar nuestro futuro. Si tenemos en cuenta la cantidad de cosas que podemos olvidar, no es sorprendente que se trate de uno de los tipos de memoria más vulnerables. La más mínima señal puede devolvernos al pasado, pero es mucho menos probable que nos incite a tareas futuras.

La memoria prospectiva puede fortalecerse para ayudarnos a planear el futuro.

continuamente sus funciones se superponen. Así por ejemplo, al practicar un nuevo movimiento de tai chi, puede estar aplicando su memoria episódica (qué se dijo al finalizar la última clase), su memoria semántica (qué significa tai chi), su memoria de procedimiento (cómo practicar el tai chi) y finalmente su memoria prospectiva (la fecha en la que se llevará a cabo la próxima sesión).

Las estrategias mnemotécnicas incluidas en este libro pueden mejorar todos los tipos de memoria. Además, como estas técnicas se corresponden con la forma natural de funcionar de nuestra mente, pueden ayudar a cualquiera a optimizar su memoria. Mientras los científicos investigan el funcionamiento del cerebro, usted puede descubrir cómo trabaja su memoria en la práctica.

Las siguientes páginas describen un gran número de pruebas diseñadas para poner de manifiesto el tipo de información que usted recuerda mejor, y los ámbitos en los que su memoria es más débil. Si comprende las limitaciones naturales de su mente se hallará en mejores condiciones para hacer que funcione correctamente en cualquier situación.

MEMORIAS QUE SE SUPERPONEN
Izquierda: las actividades físicas, como el tai chi o la equitación, constituyen ejemplos perfectos de cómo diferentes tipos de memoria actúan en combinación.

CÓMO TRABAJA, EN LA PRÁCTICA, SU MEMORIA

ESTOS EJERCICIOS EVALÚAN SUS CUATRO TIPOS DE MEMORIA. DE TAL MANERA QUE PODRÁ VER CÓMO OPERA EN LA PRÁCTICA CADA UNO DE ELLOS.

HISTORIAS

PÍDALE A UN AMIGO QUE LE LEA LA HISTORIA A. CUANDO FINALICE, ESPERE UN PAR DE MINUTOS Y, DESPUÉS, DEJE QUE SU AMIGO LE LEA DEL MISMO MODO LA HISTORIA B. MÁS ADELANTE DEBERÁ RESPONDER A PREGUNTAS SOBRE AMBAS.

Historia A

José paseaba entre los árboles hacia la casa de su tía. Era el cumpleaños de su tía y le llevaba un regalo: una nueva tetera china. José la había envuelto lo mejor posible, pero el pitorro sobresalía entre el papel, y esperaba que su tía no lo notara.

De pronto, José topó con una enorme seta venenosa que le bloqueaba el camino. Al inspeccionar la seta, más alta que él, se dio cuenta de que había una ventana en el tallo, pero estaba demasiado sucia para ver a través de ella. «¿Hay una puerta en alguna parte?», se preguntó. Caminó alrededor de la seta pero no pudo encontrar ninguna entrada.

José deseaba mirar en el interior de esa extraña seta y se sentó bajo un retorcido árbol para decidir qué hacer. Apoyó su cabeza contra el tronco del árbol, y, de pronto, con un sonoro crujido, se abrió una puerta secreta en el tallo de la seta. Debía haber descubierto un mecanismo secreto. José cruzó el dintel de la puerta.

En el interior, la seta parecía todavía más grande que vista desde fuera. A sus pies había una escalera, y, al descender, se agarró fuertemente a la barandilla azul brillante. Las paredes estaban cubiertas con pinturas de gatos y perros, aunque era difícil apreciar los detalles bajo la débil luz. Súbitamente, las escaleras llegaron a su fin frente a una puerta roja. José escuchó música rock a gran volumen y se dio cuenta de que olía a quemado...

Historia B

Pedro paseaba a lo largo de la playa, buscando a los amigos con los que había quedado. Llevaba su ropa de playa en una bolsa, junto con un protector solar y una gorra de béisbol. No había rastro de sus amigos de manera que se compró un helado y, después, construyó un castillo de arena. Pasado un rato se estiró y echó un sueñecito. Cuando despertó sus amigos seguían sin aparecer. Compró un refresco y un libro y se sentó a leer, mirando de vez en cuando por si veía a sus amigos.

La playa estaba muy concurrida. Pedro observó a la gente que nadaba, jugaba a pelota, paseaba al perro y volaba cometas, pero, ¿dónde estaban sus amigos? Comprobó su agenda: era 15 de agosto; se trataba de la playa correcta y eran mucho más de las dos, la hora de la cita. Pues bien, ¿dónde estaban?

Pedro volvía a tener apetito así que compró un perrito caliente y unas patatas. Caminó a lo largo de la orilla mirando a los que practicaban esquí acuático y a los de las barcas. Había empezado un juego de pelota, y Pedro se paró un momento a mirar. Al continuar su paseo, vio a unos niños construyendo castillos de arena y a otros que disfrutaban tomando el sol. En el momento en que Pedro alcanzaba el final de la playa y estaba dispuesto a dar media vuelta, oyó a lo lejos voces familiares...

CARAS

FÍJESE EN ESTOS TRES HOMBRES. MÁS TARDE, DEBERÁ IDENTIFICAR A UNO DE ELLOS EN UNA RUEDA DE RECONOCIMIENTO POLICIAL.

IMÁGENES

DEBAJO HAY **20** IMÁGENES ALEATORIAS. DEDIQUE UN PAR DE SEGUNDOS A OBSERVAR CADA UNA DE ELLAS. DESPUÉS SE LE PREGUNTARÁ CUÁNTAS PUEDE RECONOCER.

NÚMEROS

4

36

749

0371

94164

559810

7834189

40912852

947783109

7683759822

98239409713

81397736 4827

PIDA NUEVAMENTE LA AYUDA DE UN AMIGO PARA QUE LE LEA CADA UNA DE ESTAS HILERAS DE NÚMEROS, DÍGITO A DÍGITO, A UNA VELOCIDAD CONSTANTE. UNA VEZ HAYA LLEGADO AL FINAL DE CADA UNA DE LAS LÍNEAS, COMPRUEBE CUÁNTOS NÚMEROS PUEDE REPETIR DE MEMORIA EMPEZANDO SIEMPRE POR EL PRIMERO. EL OBJETIVO ES COMPROBAR CUÁNTOS NÚMEROS PUEDE RECORDAR DE UNA SOLA VEZ.

LISTAS DE PALABRAS

HE AQUÍ OTRA PRUEBA QUE FUNCIONA MEJOR CON LA AYUDA DE OTRA PERSONA. PIDA A SU AMIGO QUE LE LEA LA SIGUIENTE LISTA DE 25 PALABRAS. CUANDO LA HAYA ESCUCHADO ENTERA, ESCRIBA TODAS LAS PALABRAS QUE PUEDA RECORDAR, EN CUALQUIER ORDEN.

Tiranosaurus rex	llave
azul	cedro
hambre	oreja
Elvis	abrigo
sentido	tijeras
olmo	pincel
tiempo	pino
caja	perro
ayer	luz
hueco	papel
vino	bienvenida
bar	roble

POR EL MOMENTO, DEJE SU PAPEL DE RESPUESTAS A UN LADO, AUNQUE LO NECESITARÁ MÁS ADELANTE CUANDO SE ANALICEN LOS RESULTADOS.

PATRONES

OBSERVE EL RECUADRO A (INFERIOR IZQUIERDA) DURANTE UN SEGUNDO Y SEGUIDAMENTE CIERRE LOS OJOS. TAPE EL LIBRO Y DECIDA CUÁNTOS PUNTOS HAY EN DICHO RECUADRO. COMPRUEBE SU RESULTADO Y REPITA EL MISMO PROCEDIMIENTO CON EL RECUADRO B (INFERIOR DERECHA).

Recuadro A

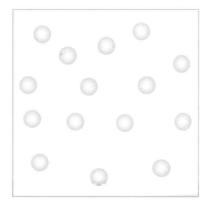

Recuadro B

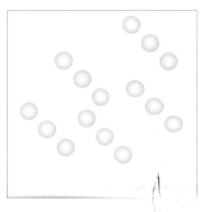

OCHO PREGUNTAS PARA HACERLE PENSAR

RESPONDA A LAS SIGUIENTES PREGUNTAS QUE HAN SIDO PENSADAS PARA AYUDARLE A ENTENDER DE QUÉ FORMA TRABAJA SU MENTE:

1. ¿Qué tiempo hizo hace dos semanas?

2. Piense en una moneda que utilice habitualmente. Describa su diseño de memoria.

3. ¿Cuál es el número de teléfono de su casa?

4. Describa un momento embarazoso de su vida.

5. ¿Es «ritán» una verdadera palabra?

6. ¿Qué tiempo hizo la última vez que practicó deporte?

7. ¿Cuál era el número de teléfono de Leonardo da Vinci?

8. En una manzana, ¿hacia dónde señalan las semillas?

CARAS: *SEGUNDA PARTE*

EN LA PÁGINA 29 VIO LAS FOTOGRAFÍAS DE TRES HOMBRES. SIN VOLVER A MIRARLAS, INTENTE RECONOCER A UNO DE ELLOS EN LA RUEDA DE RECONOCIMIENTO, BAJO ESTAS LÍNEAS. BUSQUE AL HOMBRE QUE LLEVABA UNA CARTERA.

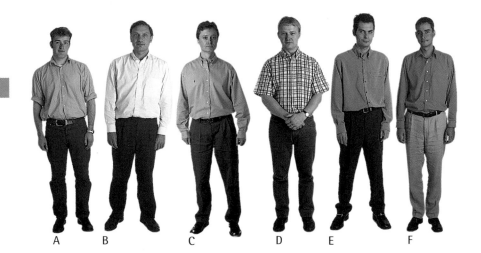

A   B   C   D   E   F

HISTORIAS: *SEGUNDA PARTE*

PIDA A SU AMIGO QUE TOME EL LIBRO Y VUELVA A LA PÁGINA 28. NARRE DE MEMORIA LA HISTORIA A INCLUYENDO TANTOS DETALLES COMO RECUERDE DE LA AVENTURA DE JOSÉ. DESPUÉS, HAGA LO MISMO CON LA HISTORIA B, EL DÍA DE PEDRO EN LA PLAYA. CORRESPONDE A SU AMIGO DECIDIR CUÁL DE LAS DOS HISTORIAS FUE CAPAZ DE RECORDAR CON MAYOR EXACTITUD Y VALORAR CUÁNTOS DETALLES FUERON ERRÓNEOS, OMITIDOS O AÑADIDOS.

IMÁGENES: *SEGUNDA PARTE*

EN LA SIGUIENTE PÁGINA HAY 40 IMÁGENES. USTED HA VISTO 20 DE ELLAS CON ANTERIORIDAD, PERO ¿ES CAPAZ DE RECONOCERLAS AHORA? APUNTE LOS NÚMEROS DE LAS IMÁGENES QUE CREE QUE APARECIERON ANTERIORMENTE Y, DESPUÉS, VUELVA A LA PÁGINA 30 PARA COMPROBAR EL RESULTADO.

Puesta en marcha

TODOS NOSOTROS RECORDAMOS GRANDES CANTIDADES DE INFORMACIÓN, PERO TAMBIÉN OLVIDAMOS UNA BUENA PARTE.

En las «ocho preguntas para hacerle pensar» de la página 31, ¿con qué exactitud describió la moneda? En el caso de la manzana, sus semillas señalan hacia arriba, al rabo. Ésta fue una de las preguntas que el investigador J. McKeen Cattell planteó a unos estudiantes, en 1895, para poner de manifiesto una regla fundamental de la memoria: el haber visto una cosa no es garantía de recordarla. Otras preguntas planteadas por Cattell fueron: ¿el castaño y el roble son los primeros en perder sus hojas en otoño? ¿Los caballos permanecen parados con la cara o la cola al viento? Éstas eran cosas que los estudiantes habían visto cientos de veces; sin embargo, sus respuestas fueron escasamente más correctas que sus respuestas a preguntas aleatorias. Sólo el 59 % sabía que los castaños pierden sus hojas antes; el 64 % recordó que los caballos permanecen con la cola al viento y sólo el 39 % supo la respuesta referida a la manzana.

La gran manzana
Imagen principal: con frecuencia, las características invariables del mundo natural pasan inadvertidas. El ejemplo de las semillas de la manzana pone de manifiesto cuán fácil es estar expuesto a este tipo de información de forma habitual sin que la registremos en nuestra memoria.

«¡[La gente] es tan incapaz de asegurar qué tiempo hizo hace una semana como de confirmar cómo será de aquí a una semana!» aseguró Cattell, después de constatar que sólo siete personas de un grupo de 56 recordaba el tiempo que había hecho la semana anterior. Sin una razón para recordar, la mayoría de las personas olvidamos. Factores importantes para activar la memoria son:

IMÁGENES INDELEBLES
Inferior: el experimento de Haber ilustra el poder de las imágenes visuales sobre la palabra escrita y hablada.

IMÁGENES

¿Qué resultados obtuvo en el ejercicio de las imágenes de la página 30? La mayoría de las personas reconocen gran cantidad, si no todas, de las 20 imágenes originales. En los años setenta, la revista *Scientific American* publicó el trabajo del investigador de la memoria Ralph Haber. Éste estudió la capacidad de las personas para reconocer imágenes y se quedó sorprendido con los resultados. A cada voluntario se le mostraron 2.500 diapositivas, a una velocidad de una imagen cada 10 segundos. Tras un descanso de una hora, se les volvieron a mostrar 2.500 pares de diapositivas. En cada pareja, una de las imágenes era del conjunto original, y la otra era completamente nueva, y los sujetos simplemente tenían que indicar cuál de ellas era la que habían visto con anterioridad. El porcentaje de aciertos se situó entre el 80 y el 95 %. Haber escribió que este experimento «sugería que el reconocimiento de imágenes es esencialmente perfecto. Es probable que los resultados hubieran sido los mismos si hubiéramos utilizado 25.000 imágenes».

La memoria utiliza las imágenes con gran facilidad. Cuando oye una voz por teléfono, es natural imaginar el aspecto del que está al otro lado del aparato. La poesía emplea imágenes vivas, y las imágenes publicitarias se graban con facilidad en la mente del consumidor. En cuanto a la lista de palabras de la página 31, es muy probable que le haya resultado más fácil recordar las palabras susceptibles de transformarse en imágenes (Elvis, perro) que las palabras abstractas. Dado que la mente tiene preferencia por las imágenes, las estrategias mnemotécnicas, por lo general, se sirven de la creación de imágenes sencillas de memorizar.

¿Qué tal con el ejercicio de las caras? ¿Señaló al hombre correcto en la rueda de reconocimiento (fotografía C)? Era difícil porque usted no sabía a quién recordar y el hombre en cuestión tenía un aspecto diferente cuando aparecía de nuevo: la memoria necesita siempre un cuidadoso control.

PECULIARIDADES

En la lista de palabras, *Tiranosaurus rex* es mucho más fácil de recordar que palabras cotidianas como abrigo. Recordamos experiencias fuera de lo común, igual que retenemos mejor las historias extrañas que las comunes. Es más probable que se haya acordado de la historia A que de la secuencia de la B.

CONEXIONES

Existen otras razones para que la historia de José sea más fácil de recordar. La historia A consiste en una serie de sucesos conectados entre sí, y hay una causa para cada cosa. José pasea por el bosque porque va de camino para visitar a su tía por su cumpleaños. Se para porque hay algo que bloquea su camino, y así toda la historia. La historia B es sólo una sarta inconexa de sucesos (comprar un perrito caliente, echarse a dormir), y podrían haber sucedido en cualquier otro orden. Es más fácil acordarse de una secuencia coherente de sucesos, ya que cada momento conduce al recuerdo del siguiente. El cerebro es aficionado a los patrones, y las conexiones entre las neuronas son fundamentales para su funcionamiento. Es natural continuar una secuencia, como cuando un niño se ofrece para completar una rima conocida o cuando le seguimos la pista a una película a través del argumento subyacente.

En el ejercicio de patrones, el recuadro B es más fácil de manejar que el recuadro A. Puede observar el recuadro B sólo un segundo, cerrar sus ojos, y contar los 15 puntos porque están dispuestos en grupos. En el recuadro A, no existe ningún patrón, la misma información se presenta de una forma incompatible con la mente. Este importante principio fue enunciado por el matemático irlandés sir William Hamilton, en 1859. Uno de sus experimentos consistía en lanzar unas canicas al suelo y observar cuánto tardaba en contarlas. «Si echa un puñado de canicas al suelo, le resultará difícil ver de una sola vez más de seis o siete, como mínimo, sin que aparezca una sensación de confusión», escribió. «Pero si las reúne en grupos de dos, tres o cinco, podrá abarcar más grupos que unidades aisladas, ya que la mente considera estos grupos como unidades.» Esta idea se conoce como agrupamiento. La noción de los grupos también quedó demostrada en la prueba de la lista de palabras. Probablemente recordó varios de los árboles de la lista ya que pueden memorizarse como un grupo. Así pues, las estrategias mnemotécnicas utilizan conexiones y dividen los datos en grupos significativos.

EMOCIÓN

Otra palabra que con toda probabilidad impactó en su mente fue «hambre», una palabra que provoca una respuesta emocional. Desde el momento en que existe una conexión entre usted y

RECUADRO B

Izquierda: es mucho más fácil recordar grupos de puntos que recordar cuántos puntos hay de forma aislada.

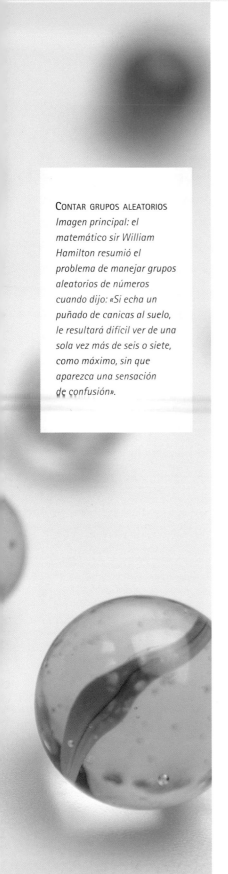

CONTAR GRUPOS ALEATORIOS
*Imagen principal: el
matemático sir William
Hamilton resumió el
problema de manejar grupos
aleatorios de números
cuando dijo: «Si echa un
puñado de canicas al suelo,
le resultará difícil ver de una
sola vez más de seis o siete,
como máximo, sin que
aparezca una sensación
de confusión».*

la información, ésta es más fácil de
recordar. Un ejemplo exagerado de este
hecho es la supuesta práctica, en la
antigua Grecia, de situar a un niño en
el límite entre dos parcelas de tierra y
azotarle para crear un recuerdo vívido de
la línea limítrofe. Sus emociones crearán
un recuerdo perdurable.

En las ocho preguntas, seguramente
sí recordó el tiempo que hacía la
última vez que practicó deporte, debido
a las implicaciones emocionales: la
energía, por ejemplo, y su felicidad
o decepción por el resultado. Y en cuanto
a recordar un momento embarazoso, fue,
con suma probabilidad, extremadamente
fácil. La situación embarazosa, el miedo,
la tristeza y el placer constituyen todos
ellos estímulos para la memoria y pueden
utilizarse como estrategia para favorecer
el recuerdo.

CEREBRO VERSUS *ORDENADOR*

La memoria humana es, en realidad,
muy diferente al sistema de memoria de
los ordenadores, aunque ambos poseen
algunas importantes limitaciones
y deficiencias.

En la lista de palabras,
probablemente recordó las del inicio
porque su mente estaba alerta. Tal vez
también recordó algunas del final, ya
que no existía información posterior que
pudiera crear confusión. Las palabras
del centro son mucho más difíciles de
recordar, situación que es válida para
cualquier proceso de aprendizaje. Con
todas las estrategias mnemotécnicas es
necesario invertir un tiempo adicional
en aprender las secciones centrales de la
información.

MEGABYTES HUMANOS
*Derecha: su mente y su
memoria hacen sombra
incluso al ordenador
más potente.*

Naturalmente, los ordenadores no
tienen este problema y su rendimiento
permanece constante. Nos tienta la idea
de que la memoria electrónica es
superior a la humana. Sin embargo,
existen ocasiones en que la memoria
humana gana «por la mano» a la
electrónica. En las ocho preguntas, usted
conocía la respuesta a la cuestión 3 de
forma inmediata y de seguro podía
responder a la pregunta **7** con la misma
facilidad. Al contrario que un ordenador,
no necesita comprobar todos los
números almacenados en su cerebro
para decidir que entre ellos no se
encuentra el de Leonardo da Vinci. Es
simplemente una cuestión de cultura
general y sentido común. De forma
similar, no fue necesario repasar todas
las palabras de su diccionario mental
para decidir que «ritán» no es una
palabra real. Su mente es muy eficaz
combinando procesos y creando
cortocircuitos. Estos ejercicios
demuestran que, en ocasiones,
la memoria acierta pero que, en
otras, falla.

Los ejercicios de este libro le
ayudarán a usar la capacidad de su
cerebro y a hacer que la información
sea compatible con la manera de
funcionar de la memoria.

CALENTAR MOTORES

ESTE CAPÍTULO HA SIDO CUIDADOSAMENTE DISEÑADO
PARA AYUDARLE A PREPARARSE ANTE LOS PROGRESOS
QUE EXPERIMENTARÁ SU MEMORIA. ASIMISMO LE
AYUDARÁ A CONOCER CÓMO FUNCIONA SU MENTE
PARA EMPLEAR SU CEREBRO DE FORMA MÁS EFICAZ
Y EFECTIVA.

ENTRAR EN SITUACIÓN

POR LAS EXPERIENCIAS VIVIDAS HASTA EL MOMENTO, AHORA SABE QUE PARA QUE SEA FÁCIL RECORDAR LA INFORMACIÓN DEBE SUGERIR IMÁGENES VISUALES ORGANIZADAS, POCO HABITUALES Y CON UN COMPONENTE EMOCIONAL. TENGA ESTOS PUNTOS EN MENTE CUANDO APRENDA LAS NUEVAS TÉCNICAS DE MEMORIA.

En primer lugar, considere cómo intenta, en la actualidad, recordar las cosas. ¿Cuántas de las siguientes estrategias mnemotécnicas ha intentado con anterioridad?

EXPERIENCIAS HABITUALES DE LA MEMORIA
Derecha: el hablar por teléfono, una experiencia habitual e inmediata, con frecuencia nos obliga a recordar sucesos pasados y a adquirir al mismo tiempo nueva información.

ESCRIBIR RECORDATORIOS
Imagen principal: escribir notas es una manera eficaz de recordar información con rapidez, pero puede conducir a tener una memoria «perezosa».

HACER JUEGOS MALABARES CON LA INFORMACIÓN

Recibe una información importante por teléfono pero no tiene dónde apuntarla. «Juega» con los nombres y los números, repitiéndolos en voz alta, mientras busca desesperadamente papel y lápiz.

AYUDAS PARA LA MEMORIA

Se deja a sí mismo recordatorios físicos de las cosas que tiene que hacer: notas en el frigorífico, bolsas en el recibidor, incluso puede que una nota en la mano.

POSTURAS PARA RECORDAR

Al intentar recordar se adoptan ciertas actitudes como frotarse el cuello, rascarse la barbilla o cruzar los brazos. Estas acciones parecen ayudarle a recuperar la información deseada.

EN LA PUNTA DE LA LENGUA

Con frecuencia tiene la sensación de que sabe una cosa, pero es incapaz de encontrar la pieza clave de la información. Sabe lo que quiere decir, pero no encuentra la palabra adecuada o reconoce la cara de alguien, pero es incapaz de asociarla a un nombre.

UTILIZACIÓN DE LAS INICIALES
Derecha: cuando intentamos recordar una determinada palabra, o un nombre, el conocer la inicial es el primer paso para recordarla por completo.

INICIALES

Cuando intenta recordar un nombre, recorre mentalmente todo el alfabeto. ¿El nombre empieza con la A? ¿La B? ¿O era la C? Con frecuencia, su memoria acaba por despertar.

REPETICIÓN

Para aprender una información nueva la lee y la relee, esperando que a la larga recuerde la mayor parte.

TÁCTICAS DE EVITACIÓN

Usted ha desarrollado un gran número de estrategias para evitar el uso de su memoria. Delega en otros para recordar información importante; se muestra reticente a aprender nuevas técnicas y elude utilizar los nombres de las personas para no equivocarse.

¿Le resulta familiar? En realidad, la memoria puede resultar caprichosa, y la mayoría de nosotros debemos esforzarnos para lograr que haga lo que queremos. Irónicamente, parte del problema reside en el gran poder de la memoria. Reconoce de inmediato una cara, por ejemplo, pero es incapaz de relacionarla con un nombre. Conoce la palabra correcta, pero no le viene a la mente inmediatamente. Nuestra memoria funciona a la perfección la mayor parte del tiempo, así que es frustrante cuando nos deja «colgados».

A pesar de que pocas personas harían un esfuerzo consciente para utilizar las técnicas de memoria, las estrategias aquí mencionadas demuestran que todos nosotros contamos con diferentes mecanismos para facilitar el acto de recordar. Este libro le ayudará a emplear los métodos más efectivos, puestos en práctica, evaluados y de eficacia comprobada desde la antigua Grecia. Empiece por desterrar la expresión «he olvidado» cuando no puede recordar algo y comience a servirse de su cerebro como originalmente fue diseñado para su uso.

PENSAMIENTO POSITIVO

MANTENGA LA CALMA

Imagen principal: su capacidad memorística disminuye a medida que aumenta su nivel de ansiedad. Este hecho se pone especialmente de manifiesto cuando memoriza información para situaciones estresantes como pronunciar un discurso en público o realizar una presentación en el trabajo. Pero si es capaz de mantener sus emociones bajo control, tiene medio camino ganado.

EL PENSAMIENTO POSITIVO ES IMPORTANTE EN TODO AQUELLO QUE INTENTE HACER, PERO ES ABSOLUTAMENTE ESENCIAL CUANDO SE TRATA DE LA MEMORIA.

¿Cuántas veces se ha dicho a sí mismo y a los demás que su memoria es mala? Sin embargo, en el poco tiempo que lleva leyendo este libro ha demostrado que su memoria funciona perfectamente. Si piensa que no es lo bastante joven o inteligente como para mejorar sus viejas técnicas, tenga en cuenta que se necesita valor para abandonar la zona cómoda y ampliar los límites de su mente, aunque los resultados puedan cambiar su vida.

ENERGÍA NERVIOSA

La memoria y el nerviosismo mantienen una estrecha relación. Cuando se siente ansioso, recordar puede resultar mucho más difícil. Imagine que está a punto de pronunciar un discurso en una boda. Su corazón late con fuerza, sus manos sudan y probablemente su memoria parece fuera de control.

Si hubiera aprendido a utilizarla, la escena sería diferente. Las técnicas de memoria le aseguran que su mente hará lo que usted desea. Su capacidad para sumar nuevos datos o informaciones dejará de ser vaga e impredecible. A cambio, invertirá deliberadamente un cierto tiempo en hacer que la información sea fácil de recordar, sabiendo exactamente qué hacer para acceder nuevamente a ella. El contar con una buena memoria le hará sentirse más seguro, y esta confianza en sí mismo le reportará beneficios por sí sola, tanto en el ámbito laboral como en su vida social.

No obstante, unas palabras de advertencia: mantenga sus metas a un nivel alcanzable. Si se esfuerza en intentarlo con demasiado ahínco, con excesiva rapidez, empezará con el convencimiento de que no lo conseguirá, e invariablemente será así. Esta experiencia aumentará su sensación de limitación, perderá todavía más la confianza en sí mismo y será menos probable que supere los retos.

En halterofilia, los 226,8 kg fueron considerados durante largo tiempo como una marca imposible de conseguir. Vasily Alexeyev se había acercado varias veces a la mágica marca de 226,8 kg sin éxito. Un día su entrenador le retó a conseguir su propio récord del mundo de 226,75 kg, lo cual realizó sin ningún problema. Lo que Alexeyev no supo hasta que bajó la barra fue que, en realidad, había levantado 227,5 kg; el entrenador había añadido más peso sin que se diera cuenta. Se había roto la barrera: pocos años después, en los Juegos Olímpicos de 1976, Alexeyev levantó 255,8 kg. Las ideas rígidas sobre nuestras propias limitaciones nos impiden alcanzar nuestro pleno potencial. Por el contrario, las técnicas de memoria descritas en este libro trabajan en el plano de la imaginación, donde todo es posible. Desatan su imaginación de tal modo que es capaz de visualizar el éxito. Asimismo, le conducen a un estado mental adecuado para enfrentarse a cualquier reto cognitivo. Más que aconsejarle que «tenga confianza en sí mismo», le ofrecen los medios para sobrepasar los límites que usted mismo se ha impuesto.

RELAJACIÓN: USTED PUEDE HACERLO
Inferior: si se halla relajado física y mentalmente, se encontrará en una posición mejor para plantearse objetivos realistas y maximizar su memoria.

RELAJACIÓN

El primer paso es relajarse y concentrarse en la tarea que «se trae entre manos». La imaginación es el secreto para la relajación así como para la memoria, por lo que prepárese a dar rienda suelta a su mente.

Imagínese en su zona ideal de relajación. Si pudiera trasladarse por un momento al lugar más relajante del planeta ¿a dónde iría? Invierta un par de minutos para disfrutar de la paz de ese lugar. ¿Qué tal se comportó su imaginación? Puede que esta prueba le haya resultado ciertamente difícil, pero es un preludio para relajarse en los próximos ejercicios. A lo largo del camino, tendrá más oportunidades de practicar utilizando su imaginación.

PRÁCTICA DE IMAGINACIÓN

ASEGÚRESE DE QUE ESTÁ CÓMODO. EL SECRETO DE UNA BUENA MEMORIA
CONSISTE EN FACILITAR EL ACTO DE RECORDAR, ASÍ QUE NO DESCUIDE
ASPECTOS PRÁCTICOS COMO LA POSTURA Y EL ENTORNO. ¿ES CÓMODA LA
SILLA QUE HA ELEGIDO? ¿QUÉ HAY DE LA TEMPERATURA DE LA HABITACIÓN
O DEL NIVEL DE RUIDO? SI USTED ESTÁ DISTRAÍDO, DIFICULTARÁ EN GRAN
MEDIDA EL CONSEGUIR UNA BUENA VISUALIZACIÓN.

IMAGINE LO SIGUIENTE

Su tarea consiste en visualizar
una caja de cartón. Deje su mente
en blanco y, entonces, visualice
la caja con los ojos de su mente.
Seguidamente, imagínese andando
alrededor de la caja, observándola
desde distintos ángulos. Visualícese
levantando la caja y dándole
la vuelta, concentrado en ver su
aspecto desde todas las perspectivas.
Adjudique un color a la caja.
¿Cómo le hace sentir ese color?
Los recuerdos están ligados a
cómo nos sentimos respecto
a la información que recibimos,
por tanto, siempre es importante
concentrarse en cualquier respuesta
emocional. Piense en tocar la caja.
Déle una textura imaginaria:
agradable o desagradable. ¿La caja
huele a algo? ¿Qué ruido hace
cuando la golpea? Imagine que le da
un mordisco. ¿Cómo sería un bocado
de esta caja?

Su imaginación puede otorgar detalles fáciles de recordar a los objetos más habituales. Asimismo, puede exagerar imágenes, hacerlas surrealistas o incluso darles vida.

Ahora imagine un coche, no uno ordinario sino el modelo más caro del mundo. ¿De qué color es? ¿Qué prestaciones posee? ¿Qué aspecto tiene, cómo suena, cómo huele cuando está en marcha? Después imagine un árbol. Lo extraño de este árbol es que puede hablar y andar. Imagine que es un especialista de dibujos animados: ¿cómo se mueve un árbol que camina y qué sonido emite al hablar?

TRANSFORMACIONES

Su imaginación también puede transformar una cosa en otra. Vuelva a imaginar el coche y use sus técnicas de visualización para convertirlo en... un elefante. Realice la transformación gradualmente. Quizás empiece por los retrovisores y los convierta en enormes orejas. Cada rueda puede romperse y revelar una pata. El volante puede convertirse en el cuerpo y el tubo de escape en la cola del animal.

OBSERVAR DESDE TODOS LOS ÁNGULOS
Izquierda: cuando se ejercita la imaginación, es necesario crear su propia zona de realidad virtual mental, en la cual sus técnicas de visualización son tan eficaces que siente como si realmente experimentara el momento.

CREACIÓN DE IMÁGENES MENTALES

SU IMAGINACIÓN LE PERMITE CONTROLAR LA INFORMACIÓN Y HACER CON ELLA LO QUE DESEE. PARA PRACTICAR ESTA TÉCNICA, IMAGINE QUE DESTRUYE CADA UNO DE LOS OBJETOS QUE SE MUESTRAN BAJO ESTAS LÍNEAS DE UNA MANERA IMPRESIONANTE (ARRANQUE LOS RESORTES DEL RELOJ, TIRE EL CERDITO DESDE UNA TORRE...).

reloj	cerdito	libro	patito	caracola
pecera	vaso	taza	bola	bota
farol	silla	plancha	ropa	televisor

UNA VEZ SE HA IMAGINADO DESTRUYENDO LOS 15 OBJETOS, TAPE LAS IMÁGENES. BAJO ESTAS LÍNEAS SE ENCUENTRA OTRO GRUPO DE IMÁGENES CON 12 DE LOS OBJETOS ANTERIORES Y TRES NUEVOS. ¿PUEDE SEÑALAR LOS TRES QUE NO HA DESTRUIDO?

TRAS ESTABLECER UNA CONEXIÓN CON LA INFORMACIÓN ES MÁS FÁCIL RECORDARLA. NO DEBERÍA TENER NINGUNA DIFICULTAD EN SEÑALAR LAS IMÁGENES NUEVAS DEL SEGUNDO GRUPO, YA QUE NO RECUERDA UNA INTERACCIÓN CON ELLAS.

APRENDER A OLVIDAR

ES POSIBLE QUE LA MEMORIA ESTUDIADA MÁS PRODIGIOSA PERTENECIESE A SHERESHEVSKY, EL SUJETO DE ESTUDIO DEL GRAN PSICÓLOGO RUSO ALEXANDER LURIA. PARECÍA QUE SHERESHEVSKY NUNCA OLVIDABA NADA. PODÍA LEER UNA COMPLICADA FÓRMULA UNA SOLA VEZ Y RECORDARLA AÑOS DESPUÉS. RECORDABA CON EXACTITUD PÁGINAS ENTERAS DE TEXTO. SI SE LE DABA UNA INMENSA LISTA DE NÚMEROS ALEATORIOS ERA CAPAZ DE ENUMERARLOS EN POCOS MINUTOS.

Shereshevsky experimentaba un estado conocido como sinestesia, en el que distintos tipos de sensaciones se experimentan simultáneamente. La información le llegaba con gran lujo de detalles. En su mente, los nombres tenían colores, los números olores, las palabras texturas. Estaba lleno de respuestas. Nada era abstracto, de modo que no olvidaba nada.

Shereshevsky recordaba demasiado y tuvo que enseñarse a sí mismo a olvidar: imaginaba que escribía los datos no deseados en una hoja de papel para luego quemarla. Así, la información se convertía en uniforme y abstracta y con menos probabilidad de quedar impresa en su mente. La manera con la que creemos recordar la mayoría de nosotros (tomando notas) era para él la mejor forma de olvidar.

SOBRECARGA DE INFORMACIÓN

Las técnicas de memoria basadas en la imaginación se concentran en recordar con exactitud lo que necesitamos saber y olvidarlo cuando ya no se necesita. Usando nuestra imaginación podemos introducir los datos y luego eliminarlos.

EL CICLO DEL ÉXITO

Añada otro consejo para el apartado de relajación. Esta vez utilice todo lo que ha aprendido hasta ahora para extraer el máximo de esta experiencia. Aplique todos sus sentidos como hizo antes con la experiencia del limón. Visualice las imágenes, los sonidos y las sensaciones que le ayudarán a concentrarse.

Vuelva a su lugar de máxima relajación. Imagine que da una vuelta completa para evaluar toda la escena antes de elegir un punto de mira.

Decida cómo está sentado y cómo siente cada una de las partes de su cuerpo. ¿Qué temperatura hace? ¿Sopla brisa? ¿Qué oye o huele? ¿Cómo se siente?

Relaje su cuerpo y su mente hasta que la escena cobre vida. El poder de su imaginación le situará en un ciclo de éxito para alcanzar los retos que le esperan.

SEGUNDA PRUEBA DE PROGRESO

UTILICE EL ESTADO DE RELAJACIÓN PARA CONCENTRARSE EN LOS SIGUIENTES EJERCICIOS.

LISTA DE PALABRAS

LEA LA LISTA DE PALABRAS AQUÍ EXPUESTA, DEDICANDO UN PAR DE SEGUNDOS A CADA UNA DE ELLAS. UNA VEZ HAYA LEÍDO TODA LA LISTA, CREE UNA IMAGEN MENTAL DE CADA OBJETO UTILIZANDO LA IMAGEN SOBRE LA PALABRA COMO UN ESTÍMULO. EXAGÉRELAS, HÁGALAS ENORMES, MINÚSCULAS, DE FORMA RARA, DE BRILLANTES COLORES. EMPLEE EL RESTO DE SUS SENTIDOS E IRRUMPA EN EL CAMPO DE SUS EMOCIONES PARA DARLES VIDA.

TAN PRONTO COMO FINALICE CON LA LISTA, VUELVA LA PÁGINA PARA AUTOEVALUARSE.

pastel	ratón	cronómetro	silla	pimiento amarillo
palos de golf	queso	balón de fútbol	teléfono móvil	coche
alcachofa	CD	limón	cava	navaja

PARES DE PALABRAS

ESTE EJERCICIO EVALÚA SU CAPACIDAD PARA RECORDAR PARES DE PALABRAS. UTILICE SU IMAGINACIÓN PARA VISUALIZAR CADA PALABRA DE TODAS LAS MANERAS POSIBLES, PERO RELACIONE LAS DOS PALABRAS DE CADA PAREJA. EN ESTE CASO NO LE PROPORCIONAMOS ESTÍMULOS VISUALES, POR LO QUE DEBERÁ TRABAJAR UN POCO MÁS Y ELABORARLOS USTED MISMO.

LAS PUEDE IMAGINAR LIGADAS DE MANERA EXTRAÑA O DESCANSANDO UNA ENCIMA DE LA OTRA. PUEDE VISUALIZAR LA EXPLOSIÓN DE UNA PARA DEJAR ASOMAR A LA OTRA O LA PRIMERA TRANSFORMÁNDOSE EN LA SEGUNDA. CUANDO HAYA LEÍDO TODA LA LISTA, VUELVA LA PÁGINA PARA EVALUAR CÓMO LO HA HECHO.

CD	cartera	cojín
lechuga	cuadro	guisantes
uña	bota	castillo
bolsa	cisne	chocolate
pelo	reloj	leche
pincel	cámara	escalera
luna	serpiente	arbusto
mano	bocadillo	bebé
tarima	bicicleta	remolque
mar	cinta	corbata

¿CÓMO LO HA HECHO?

AHORA TIENE LA OPORTUNIDAD DE COMPROBAR CUÁNTO HA PROGRESADO.
MANTENGA LA CALMA, Y LA INFORMACIÓN FLUIRÁ FÁCILMENTE. SI SU MENTE
SE BLOQUEA, TÓMESE UN RESPIRO Y VUELVA A EMPEZAR.

LISTA DE PALABRAS

¿CUÁNTAS PALABRAS DE LAS
15 ES CAPAZ DE RECORDAR?
ESCRÍBALAS SIN IMPORTAR
EL ORDEN. AL REALIZAR ESTE
EJERCICIO, CONCÉNTRESE EN EL
MOMENTO EN QUE CADA UNA DE
LAS PALABRAS REGRESA A SU
MENTE Y CÓMO LE HACE SENTIR.
CON TIEMPO, EL RECUPERAR LOS
RECUERDOS PUEDE RESULTAR TAN
NATURAL COMO ATRAPAR UNA
PELOTA.

....
....
....
....
....
....
....
....
....
....
....
....
....
....
....

PARES DE PALABRAS

ESCRIBA TANTOS PARES DE
PALABRAS COMO RECUERDE
Y OBSERVE CÓMO SE SIENTE
CUANDO VIENEN A SU MENTE.
SEGUIDAMENTE, INTENTE UNA
VERSIÓN DIFERENTE DE LA
PRUEBA. BAJO ESTAS LÍNEAS SE
EXPONE LA PRIMERA PALABRA DE
CADA PAREJA, SÓLO TIENE QUE
ESCRIBIR AL LADO LA SEGUNDA
PALABRA.

cartera ....
bota ....
reloj ....
serpiente ....
bicicleta ....
CD ....
uña ....
pelo ....
luna ....
tarima ....
cojín ....
castillo ....
leche ....
arbusto ....
remolque ....

La historia de Tomás

LEA ESTA HISTORIA UNA VEZ. MÁS ADELANTE SE LE
PLANTEARÁ UNA PRUEBA SOBRE ELLA.

Era sábado por la mañana, y Tomás se dirigió al centro
de la ciudad a comprar leche. Aparcó su coche, tomó
el ascensor hasta el primer piso. Su primer destino era el
banco en donde retiró algo de dinero. Seguidamente
se dirigió a una tienda de fotografía para recoger las
fotografías de las vacaciones y comprar un carrete
nuevo. Había estado una semana en París, y sus
instantáneas preferidas eran las de la torre Eiffel,
las del Arco de Triunfo y las de Notre Dame.

Después Tomás se trasladó a una librería para buscar
información sobre sus temas favoritos: la navegación
a vela y el arte. Tuvo suerte ya que había un nuevo libro
sobre veleros transoceánicos, así como la última biografía
de Leonardo da Vinci, con la *Mona Lisa* en la cubierta.
Compró los dos libros, además de una guía turística
de Japón, su próximo destino en el extranjero, donde
le habían invitado para asistir a una conferencia.

Tomás se detuvo a tomar una taza de café y un
bocadillo y resolvió el crucigrama del periódico.
Finalmente, fue a una tienda de electrónica a comprar
pilas nuevas para su agenda. Mientras lo hacía, curioseó
en la sección de informática y habló con un vendedor
sobre lo último en *software*.

RESUMEN

EJERCITAR LA MENTE ES COMO UN ENTRENAMIENTO FÍSICO,
YA QUE EN AMBOS CASOS DEBE EMPEZARSE CON UN
PRECALENTAMIENTO. EN EL CASO DE LA MENTE, SIGNIFICA
APRENDER A RELAJARSE.

A LARGO PLAZO, MEJORAR SU MEMORIA TENDRÁ un efecto positivo en su bienestar general. Disfrutará de una redescubierta confianza, de pensamientos positivos y se liberará de la ansiedad. En cuanto controle su mente, ninguna pieza vital de la información volverá a resistirse.

Para sacar el máximo partido a la memoria empiece el día aprendiendo a relajarse. Sólo cuando se sienta libre del estrés y de las tensiones podrá «dar rienda suelta» a su imaginación. La imaginación y visualización son esenciales para una buena memoria, ya que establecen una conexión entre las sensaciones o las imágenes con la información abstracta. Una visualización en estado de total relajación utilizará todos los sentidos y despertará sus emociones para establecer una estrecha conexión entre la información insulsa y la viva imaginación que usted ha creado a su alrededor. Cuanto más relajado se encuentre, mayor será su capacidad de llevar al máximo la imaginación, haciendo que sea más fácil recordar.

CONSTRUCCIÓN DE LA MEMORIA

CUANDO SE ENTIENDE CÓMO FUNCIONA LA MEMORIA Y SE SABE CÓMO ORGANIZAR EL PENSAMIENTO SIGUIENDO LAS VÍAS CORRECTAS SE ADQUIERE UNA GRAN CONFIANZA. AL IGUAL QUE UNA VASTA ENCICLOPEDIA O UNA BANDEJA DE ESCRITORIO DIVIDIDAS EN SECCIONES MANEJABLES, SU MEMORIA PUEDE ALMACENAR DATOS EN ZONAS DEFINIDAS. CONOZCA DE QUÉ MODO SU MENTE FUNCIONA MEJOR Y PODRÁ CONSTRUIR UNA MEMORIA ESTRUCTURADA.

INTRODUCCIÓN DE ESTRUCTURAS

UNA VEZ RELAJADO, CONCENTRADO Y LLENO DE CONFIANZA, TENDRÁ EN SUS MANOS EL PODER DE LA IMAGINACIÓN Y ESTARÁ PREPARADO PARA CONSTRUIR LAS ESTRUCTURAS MENTALES QUE LE AYUDARÁN A RECORDAR. CUANDO SE FAMILIARICE CON ESTAS ESTRUCTURAS LAS PODRÁ RELLENAR CON TODO TIPO DE INFORMACIÓN.

ESPACIO MENTAL
Inferior: la bola del mundo es una buena evocación para la idea de los mapas mentales.

Todos nosotros creamos estructuras mentales en el mundo que nos rodea. Consideremos el pueblo, villa o ciudad donde vivimos. ¿Cómo es el mapa mental de nuestro entorno? Si realizamos un determinado desplazamiento cada día, probablemente éste estará construido alrededor de dicha ruta. La forma de nuestro plano mental, las distancias que comprende y su orientación en nuestra mente dependen de nuestras experiencias y prioridades. Otras personas tendrán diferentes conceptos del mismo lugar, que dependerán de las rutas que tomen, de los lugares que visiten y de las zonas con las que estén más familiarizadas.

PENSAMIENTO ESPACIAL
Es natural recordar a partir de la disposición espacial de la información. Algunas personas creen fácil recordar dónde aparece cierto pasaje en un libro, incluso cuando no pueden recordar las palabras exactas. En ocasiones, hasta son capaces de describir la página en

VISUALIZACIÓN DE NÚMEROS
Imagen principal: en ocasiones, una información numérica es más sencilla de procesar mediante la visualización de los números en su mente, quizás alineados horizontalmente o anotados en un papel.

cuestión y decir si un determinado fragmento de información se encuentra a la derecha o a la izquierda, al principio o al final de la página, en un recuadro o en el texto. Probablemente pueden describir cómo ven la información con los ojos de la mente. Algunos visualizan los números en una formación espacial particular: del uno al diez en hilera horizontal, por ejemplo, del 10 al 20 verticalmente ascendentes, girando a la derecha o formando un arco.

La idea de utilizar el pensamiento espacial para mejorar la memoria se remonta a la antigua Grecia. Existe una leyenda que cuenta como un noble llamado Escopas dio un enorme banquete; durante el evento se hundió el techo de su mansión lo que enterró a cientos de invitados bajo montones de escombros. Sólo hubo un superviviente, un famoso poeta llamado Simónides de Ceos, el cual demostró ser capaz de recordar la identidad de cada una de las víctimas. Dado que había entrenado su memoria, fue capaz de imaginar el comedor con los ojos de su mente e identificar a cada huésped en la posición en que éste o ésta se hallaba sentado. Estaba acostumbrado a crear estructuras mentales para recordar su poesía y era capaz de utilizar adecuadamente su mente.

ESTRUCTURAS MENTALES

Los romanos convirtieron este principio en un sistema específico de memoria, al que frecuentemente se le denomina técnica de la «estancia romana». Parece ser que romanos de muy distintas clases sociales consultaron un libro titulado *Ad Herennium*, el cual mostraba cómo las estructuras mentales pueden almacenar toda la información necesaria.

Durante el Renacimiento, el sistema adquirió un giro teatral. El filósofo y dramaturgo Giulio Camillo ideó un «teatro de la memoria» mental, en el cual el público estaba en el escenario mirando hacia hileras en las que se colocaban de forma ordenada elementos evocadores. Se dice que Camillo creó numerosas construcciones mentales decoradas con imágenes que le ayudaban a recordar enormes cantidades de información.

Hay quien piensa que el diseño del teatro Globe de Shakespeare fue ideado para mejorar la memoria. El día de Shakespeare, en ocasiones, el público presenciaba durante varias horas tramas complicadas, con un escenario pequeño, pocos accesorios y trajes sencillos para estimular la memoria. Era importante para el teatro presentar una estructura clara de la obra. Aparecían y desaparecían diferentes personajes de zonas específicas del teatro, y varias zonas del edificio representaban temas en la actuación.

El aprender a crear nuestras propias estructuras mentales puede revolucionar nuestra vida. Éstas le permiten almacenar y recuperar la información que necesita y mejorar su rendimiento en cualquier tipo de tareas que se proponga. La construcción de una memoria estructurada supone usar el sistema de trabajo de su mente de una forma natural para empezar a recordar con facilidad.

ESTRUCTURAS ELECTRÓNICAS
Derecha: los circuitos eléctronicos ilustran un visión idealizada de la información bien ordenada. Cada función tiene su propio ámbito bien definido y puede aumentarse o disminuirse según se requiera.

CONSTRUCCIÓN DE ESTRUCTURAS BÁSICAS

Las estructuras mentales pueden diseñarse como edificios, como paseos o viajes que usted conozca bien. Elija un edificio de oficinas de la vecindad, su zona comercial habitual o un evocador lugar de vacaciones. El objetivo es emplear una ubicación o estructura familiar para guardar nueva información.

Cada ubicación debería disponer de 10 espacios, cada uno de ellos lo más diferente posible del anterior. Si la ubicación que va a usar cuenta con más de 10 espacios, sencillamente remarque sólo 10 que pueda recordar con facilidad.

El camino de un espacio a otro debe quedar completamente claro. Con frecuencia, es útil esbozar el camino en un papel, diseñarlo, sólo para asegurarse de que toma forma en su mente. Elija siempre el camino más obvio de modo que nunca se encuentre con dificultades de última hora.

Cuando esté seguro de los 10 espacios y conozca el camino del primero al último, coloque en cada uno de ellos una imagen. Las imágenes le pueden evocar nombres, palabras, números, ideas, reglas, trabajos, direcciones y todo tipo de información que pueda serle útil. Para recuperar una porción de la información, simplemente realice un viaje a través de los 10 espacios, redescubriendo todas las pistas visuales que dejó usted allí. Las siguientes páginas aclaran dos ejemplos prácticos de esta técnica. Con estas estructuras ya diseñadas intente aprender la información que contienen. Necesitará utilizar su imaginación y conseguir que los datos sean compatibles con el método de trabajo de su mente. Concéntrese en dar a las imágenes tantos detalles vívidos como sea posible y transpórtelos hasta su esfera emocional. ¿Cómo se sentiría si entrara realmente en ese lugar y experimentara estos extraños acontecimientos?

UNA ESTRUCTURA INFANTIL
Inferior: una casa de muñecas es un ejemplo perfecto de un modelo de estructura; cada habitación está diseñada con una función específica e incluye los objetos apropiados para el uso de ese espacio. Cuando los niños juegan con una casa de muñecas año tras año, la estructura y el contenido de la casa quedan grabados en su memoria.

EJEMPLO DE ESTRUCTURA

Estos dos ejemplos muestran la estructura B: la oficina. La estructura compuesta (derecha) presenta todas las estancias a punto para utilizarse en un reto específico de la memoria. La estructura en acción (inferior) muestra una de las estancias a la espera de que se introduzca en ella alguna información. En este caso, la oficina del jefe es el lugar donde recordará el helado y el lavavajillas. Una sugestiva historia le proporcionará la conexión entre la estructura y la información (*véanse* páginas 62-63).

UTILIZACIÓN DE CADA ESTRUCTURA

Lea la descripción de las 10 zonas o espacios de cada estructura y seguidamente tómese unos minutos para pasear mentalmente por ellos y familiarizarse con la disposición. Cuando empiece a crear sus propias estructuras, este proceso será realizado por completo a través de la imaginación. Compruebe que se siente cómodo con el camino que le lleva de una estancia a otra y con el recorrido de vuelta. Cuando se haya familiarizado con la estructura básica, lea cómo la información se convierte en imágenes y cómo la estructura cambia cuando está en acción. Fije las imágenes en el lugar, introdúzcase en el viaje y se sorprenderá de cuán fácilmente recuerda la información.

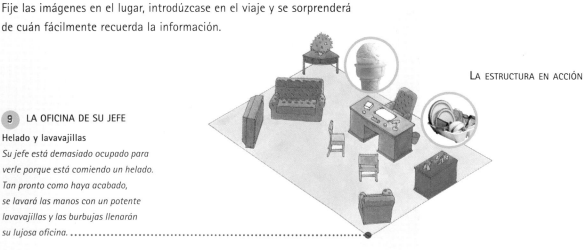

LA ESTRUCTURA COMPUESTA

LA ESTRUCTURA EN ACCIÓN

9 LA OFICINA DE SU JEFE

Helado y lavavajillas
Su jefe está demasiado ocupado para verle porque está comiendo un helado. Tan pronto como haya acabado, se lavará las manos con un potente lavavajillas y las burbujas llenarán su lujosa oficina. ....

ESTRUCTURA A: LA CASA

ESTA ESTRUCTURA HACE USO DE UNA INGENIOSA NARRACIÓN PARA
AYUDARLE A RECORDAR UNA LISTA DE DEPORTES. LA CASA SE HALLA
DIVIDIDA EN **10** ZONAS, Y EL PRIMER PASO CONSISTE EN CONOCER
LA DISTRIBUCIÓN INTERIOR.

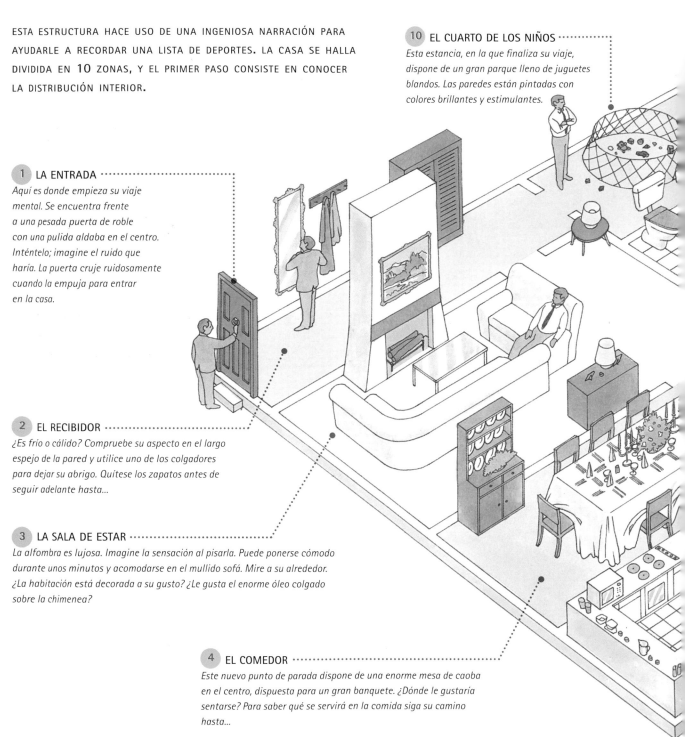

10 EL CUARTO DE LOS NIÑOS

*Esta estancia, en la que finaliza su viaje,
dispone de un gran parque lleno de juguetes
blandos. Las paredes están pintadas con
colores brillantes y estimulantes.*

1 LA ENTRADA

*Aquí es donde empieza su viaje
mental. Se encuentra frente
a una pesada puerta de roble
con una pulida aldaba en el centro.
Inténtelo; imagine el ruido que
haría. La puerta cruje ruidosamente
cuando la empuja para entrar
en la casa.*

2 EL RECIBIDOR

*¿Es frío o cálido? Compruebe su aspecto en el largo
espejo de la pared y utilice uno de los colgadores
para dejar su abrigo. Quítese los zapatos antes de
seguir adelante hasta...*

3 LA SALA DE ESTAR

*La alfombra es lujosa. Imagine la sensación al pisarla. Puede ponerse cómodo
durante unos minutos y acomodarse en el mullido sofá. Mire a su alrededor.
¿La habitación está decorada a su gusto? ¿Le gusta el enorme óleo colgado
sobre la chimenea?*

4 EL COMEDOR

*Este nuevo punto de parada dispone de una enorme mesa de caoba
en el centro, dispuesta para un gran banquete. ¿Dónde le gustaría
sentarse? Para saber qué se servirá en la comida siga su camino
hasta...*

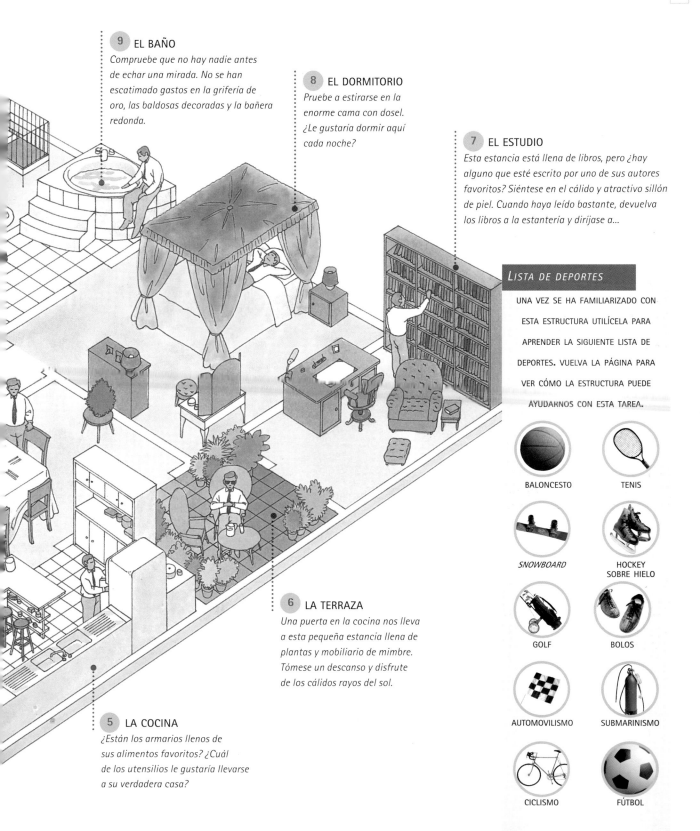

9 EL BAÑO
Compruebe que no hay nadie antes de echar una mirada. No se han escatimado gastos en la grifería de oro, las baldosas decoradas y la bañera redonda.

8 EL DORMITORIO
Pruebe a estirarse en la enorme cama con dosel. ¿Le gustaría dormir aquí cada noche?

7 EL ESTUDIO
Esta estancia está llena de libros, pero ¿hay alguno que esté escrito por uno de sus autores favoritos? Siéntese en el cálido y atractivo sillón de piel. Cuando haya leído bastante, devuelva los libros a la estantería y diríjase a...

LISTA DE DEPORTES

UNA VEZ SE HA FAMILIARIZADO CON ESTA ESTRUCTURA UTILÍCELA PARA APRENDER LA SIGUIENTE LISTA DE DEPORTES. VUELVA LA PÁGINA PARA VER CÓMO LA ESTRUCTURA PUEDE AYUDARNOS CON ESTA TAREA.

BALONCESTO

TENIS

SNOWBOARD

HOCKEY SOBRE HIELO

GOLF

BOLOS

AUTOMOVILISMO

SUBMARINISMO

CICLISMO

FÚTBOL

6 LA TERRAZA
Una puerta en la cocina nos lleva a esta pequeña estancia llena de plantas y mobiliario de mimbre. Tómese un descanso y disfrute de los cálidos rayos del sol.

5 LA COCINA
¿Están los armarios llenos de sus alimentos favoritos? ¿Cuál de los utensilios le gustaría llevarse a su verdadera casa?

INTRODUCIR LA INFORMACIÓN

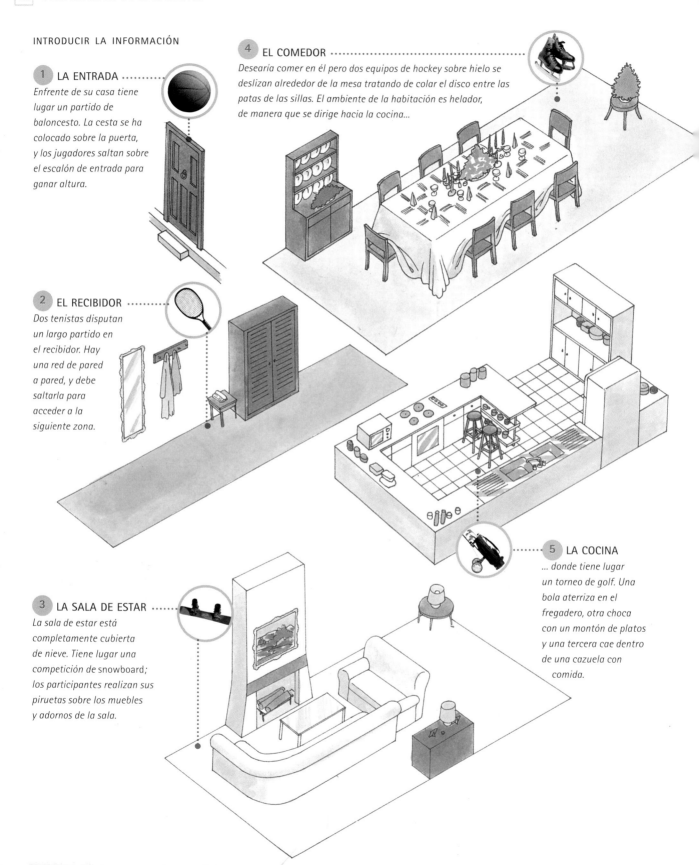

1 LA ENTRADA

Enfrente de su casa tiene lugar un partido de baloncesto. La cesta se ha colocado sobre la puerta, y los jugadores saltan sobre el escalón de entrada para ganar altura.

2 EL RECIBIDOR

Dos tenistas disputan un largo partido en el recibidor. Hay una red de pared a pared, y debe saltarla para acceder a la siguiente zona.

3 LA SALA DE ESTAR

La sala de estar está completamente cubierta de nieve. Tiene lugar una competición de snowboard; los participantes realizan sus piruetas sobre los muebles y adornos de la sala.

4 EL COMEDOR

Desearía comer en él pero dos equipos de hockey sobre hielo se deslizan alrededor de la mesa tratando de colar el disco entre las patas de las sillas. El ambiente de la habitación es helador, de manera que se dirige hacia la cocina...

5 LA COCINA

... donde tiene lugar un torneo de golf. Una bola aterriza en el fregadero, otra choca con un montón de platos y una tercera cae dentro de una cazuela con comida.

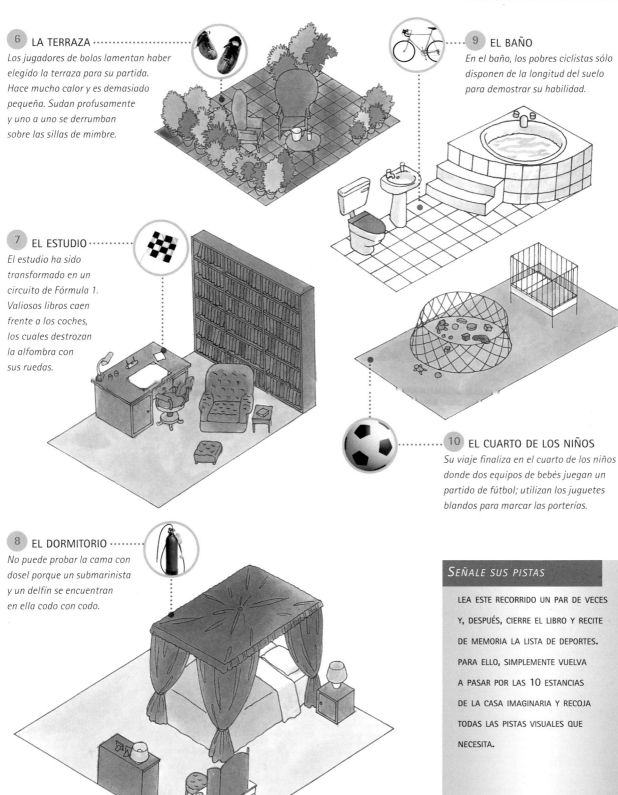

6 LA TERRAZA

Los jugadores de bolos lamentan haber elegido la terraza para su partida. Hace mucho calor y es demasiado pequeña. Sudan profusamente y uno a uno se derrumban sobre las sillas de mimbre.

7 EL ESTUDIO

El estudio ha sido transformado en un circuito de Fórmula 1. Valiosos libros caen frente a los coches, los cuales destrozan la alfombra con sus ruedas.

8 EL DORMITORIO

No puede probar la cama con dosel porque un submarinista y un delfín se encuentran en ella codo con codo.

9 EL BAÑO

En el baño, los pobres ciclistas sólo disponen de la longitud del suelo para demostrar su habilidad.

10 EL CUARTO DE LOS NIÑOS

Su viaje finaliza en el cuarto de los niños donde dos equipos de bebés juegan un partido de fútbol; utilizan los juguetes blandos para marcar las porterías.

SEÑALE SUS PISTAS

LEA ESTE RECORRIDO UN PAR DE VECES Y, DESPUÉS, CIERRE EL LIBRO Y RECITE DE MEMORIA LA LISTA DE DEPORTES. PARA ELLO, SIMPLEMENTE VUELVA A PASAR POR LAS 10 ESTANCIAS DE LA CASA IMAGINARIA Y RECOJA TODAS LAS PISTAS VISUALES QUE NECESITA.

ESTRUCTURA B: LA OFICINA

CÓMO RECORDAR UNA LISTA MÁS LARGA: ESTA ESTRUCTURA CONSTA TAMBIÉN DE **10** ZONAS DISTINTAS EN UN LUGAR FAMILIAR. UTILICE SU IMAGINACIÓN PARA LLEVAR A LA VIDA EL RELATO DE SU PASO A TRAVÉS DE LAS DISTINTAS ESTANCIAS.

3 EL MOSTRADOR
DE RECEPCIÓN

Sobre el mostrador se encuentra un libro de visitas y a su lado un ordenador y una centralita de teléfonos.

1 LA ENTRADA

¿Qué detalles ve aquí? Probablemente hay un portero automático o una cerradura especial en la puerta. ¿Existe alguna indicación sobre la actividad a la que se dedica la oficina?

2 EL VESTÍBULO

Los detalles clave en esta zona podrían ser los sillones de cuero, una mesa cubierta de revistas y quizás una gran planta.

4 EL CUARTO DE LA
CORRESPONDENCIA

Aquí encontrará unos casilleros para los diversos departamentos y miembros de la dirección, un enorme saco de correspondencia sin abrir y una gran papelera llena de viejos sobres.

5 SU MESA

Conviértala en la mesa que usted siempre ha deseado tener y decórela a su gusto, quizá con fotografías de la familia o alguna buena estilográfica.

10 EL ASCENSOR

Imagínese que finaliza su viaje y toma el ascensor para salir del edificio. ¿Qué sonidos produce? ¿Existe algún cartel que explique qué hacer en caso de avería?

9 LA OFICINA DE SU JEFE

Transfórmela en una habitación grande y suntuosa, con gran cantidad de símbolos de su estatus: un gran televisor, una mesa antigua y caros sillones de cuero.

8 EL BAÑO

Concéntrese en el aspecto y el olor de esta estancia y destaque los detalles sensoriales, como el dispensador de jabón y el secador de manos.

7 EL DISPENSADOR DE AGUA

Utilice su imaginación para que el agua esté muy fresca. Pruebe el agua para comprobar que la inversión al comprar la máquina ha valido la pena.

6 LA FOTOCOPIADORA

Tal vez se trate de un modelo antiguo que no funciona demasiado bien. ¿Qué ruido hace cuando se pone en marcha?

LISTA DE LA COMPRA SEMANAL

UTILICE LA ESTRUCTURA PARA APRENDER LA LISTA DE LA COMPRA. VUELVA LA HOJA PARA VER LA NARRACIÓN SUGERIDA.

 VINO

 PAN

 MAÍZ

 COL

 PIÑA

 NARANJAS

 UVA

 LANGOSTINOS

 CAFÉ

 MANZANAS

 TOMATES

 ROSQUILLAS

 PAVO

 CHAMPIÑONES

 PLÁTANOS

 ARROZ

HELADO

LAVAVAJILLAS

PATATAS

PALOMITAS DE MAÍZ

INTRODUCIR LA INFORMACIÓN: CON UNA LISTA
MÁS LARGA A RECORDAR, DEBERÁ CONCENTRARSE
E INTRODUCIR LOS DISTINTOS ELEMENTOS EN LA
NARRACIÓN. UTILICE ESTA HISTORIA PARA
CONSEGUIRLO.

1 LA ENTRADA

Vino y pan

*Por debajo de la puerta de la oficina,
la cual parece hecha de pan, rezuma
el vino.*

4 EL CUARTO DE LA CORRESPONDENCIA

Uvas y langostinos

*En cada casilla se han introducido uvas. La saca
de correo está llena hasta el borde de langostinos.*

5 SU MESA

Café y manzanas

*Su mesa está completamente vacía a excepción
de dos objetos: una gran taza humeante de café
y una brillante manzana roja.*

2 EL VESTÍBULO

Maíz y col

*Una enorme mazorca de maíz se
halla sentada en el vestíbulo.
El suelo está embaldosado con
cientos de hojas de col.*

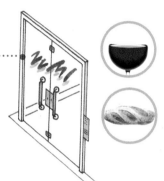

6 EL DISPENSADOR DE AGUA

Tomates y rosquillas

*Al poner su vaso bajo el dispensador,
aparece algo extraño: un tomate.
Asimismo observa que hay una
rosquilla que flota en el depósito
de agua.*

3 EL MOSTRADOR DE RECEPCIÓN

Piña y naranja

*Una piña trabaja como recepcionista
de la oficina. El mostrador de
recepción está formado por
media naranja.*

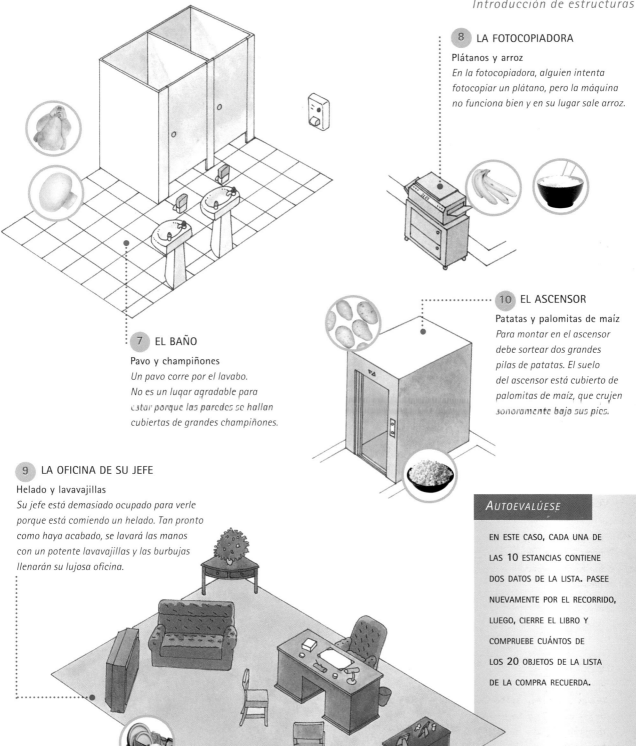

8 LA FOTOCOPIADORA

Plátanos y arroz

*En la fotocopiadora, alguien intenta
fotocopiar un plátano, pero la máquina
no funciona bien y en su lugar sale arroz.*

10 EL ASCENSOR

Patatas y palomitas de maíz

*Para montar en el ascensor
debe sortear dos grandes
pilas de patatas. El suelo
del ascensor está cubierto de
palomitas de maíz, que crujen
sonoramente bajo sus pies.*

7 EL BAÑO

Pavo y champiñones

*Un pavo corre por el lavabo.
No es un lugar agradable para
estar porque las paredes se hallan
cubiertas de grandes champiñones.*

9 LA OFICINA DE SU JEFE

Helado y lavavajillas

*Su jefe está demasiado ocupado para verle
porque está comiendo un helado. Tan pronto
como haya acabado, se lavará las manos
con un potente lavavajillas y las burbujas
llenarán su lujosa oficina.*

AUTOEVALÚESE

EN ESTE CASO, CADA UNA DE
LAS 10 ESTANCIAS CONTIENE
DOS DATOS DE LA LISTA. PASEE
NUEVAMENTE POR EL RECORRIDO,
LUEGO, CIERRE EL LIBRO Y
COMPRUEBE CUÁNTOS DE
LOS 20 OBJETOS DE LA LISTA
DE LA COMPRA RECUERDA.

TERCERA PRUEBA DE PROGRESO

PARA COMPLETAR ESTA PRUEBA, DISEÑE PRIMERO SU PROPIA ESTRUCTURA
MENTAL O UTILICE UNO DE LOS EJEMPLOS EXPUESTOS ANTERIORMENTE.

CONCEPTOS BÁSICOS SOBRE LAS ESTRUCTURAS

HE AQUÍ UN REPASO SOBRE LOS PUNTOS ESENCIALES:

- Elija un lugar que conozca bien.
- Divídalo en 10 zonas o espacios distintos.
- Escoja un camino desde la zona 1 hasta la 10.
- Si es necesario, esboce la ruta.
- Visualícese a sí mismo caminando por la estructura.
- Realice el camino a la inversa para comprobar que ha quedado claro en su mente.

RECORDAR LISTAS

PARA MEMORIZAR UNA LISTA EMPLEANDO UNA ESTRUCTURA:

- Elija un lugar que conozca bien.
- Otorgue a cada dato de la lista una imagen vívida.
- Fije una o varias imágenes en cada una de las 10 estancias.
- Utilice su imaginación para que cada escena sea fácil de recordar.
- Exagere las imágenes para hacerlas poco habituales y dinámicas.
- Implique todos sus sentidos.
- Imagine cómo reaccionaría si los acontecimientos se produjeran realmente.

CUANDO SU ESQUEMA ESTÉ LISTO, UTILÍCELO PARA APRENDER LA SIGUIENTE LISTA:

conejo · pastel · caracola · café · tornillos

radio · reloj · idea · felicidad · muñeca

SEGUIDAMENTE, DUPLIQUE LA CANTIDAD DE INFORMACIÓN ALMACENADA EN SU MEMORIA.

AÑADA UN SEGUNDO DATO A CADA ZONA, CONECTÁNDOLO DE ALGUNA MANERA CON EL PRIMERO.

LA SEGUNDA PARTE DE LA LISTA ES LA SIGUIENTE:

pelota · alegría · pintura · anillo · globo

chocolate · timbre · teléfono · silla · depresión

RESUMEN

DE UNA FORMA NATURAL, LA MENTE ESTRUCTURA EL MUNDO QUE NOS RODEA PARA ORDENAR Y DAR SENTIDO A LA INFORMACIÓN QUE RECIBIMOS. CONSIDERE SUS PROPIOS MAPAS MENTALES DE EDIFICIOS, CIUDADES O PAÍSES. ¿CÓMO ORDENA LOS DATOS EN SU ESPACIO MENTAL?

EN LA ANTIGÜEDAD, los filósofos y pensadores utilizaban conexiones entre el espacio y la memoria, estableciendo lugares específicos en un viaje mental con el fin de recordar la información. Usted puede realizar un viaje similar creando su propia estructura de memoria. La técnica consiste en elegir un lugar bien conocido (por ejemplo, su casa), dividirlo en zonas específicas e imaginar un viaje a través de ellas; para ello, deberá concentrarse en los detalles o en los elementos donde pueden colocarse las imágenes.

El trabajo de poner en marcha su estructura estriba en la localización mental de una imagen específica en cada una de las zonas y la creación de una estrecha conexión entre cada imagen y el lugar en el cual ha sido fijada. El secreto para obtener el éxito se halla en implicar, en la mayor medida posible, los sentidos y las sensaciones, creando una escena completa que sea imposible de olvidar. Únicamente debe volver sobre sus pasos para recuperar las imágenes, y con ellas los datos que ubicó en cada estancia.

Recuperación total

DOTADO CON UNAS REGLAS MNEMOTÉCNICAS BÁSICAS, PUEDE EMPEZAR A CONCENTRAR SU MENTE EN INFORMACIONES COMPLICADAS Y TRABAJAR PARA CONVERTIRLAS EN DATOS FÁCILES DE RECORDAR. CUALQUIER TIPO DE MATERIAL PUEDE DIVIDIRSE EN FRAGMENTOS MANEJABLES A LOS QUE SE LES ASIGNA UNA IMAGEN EVOCADORA. ESTAS IMÁGENES PUEDEN INTRODUCIRSE EN SUS ESTRUCTURAS MENTALES Y USTED PODRÁ ASÍ RECUPERAR LA INFORMACIÓN RÁPIDAMENTE, CUANDO LA PRECISE. CONSIGA QUE TODO EN SU VIDA SEA COMPATIBLE CON LA MANERA EN QUE TRABAJA SU MENTE Y NO OLVIDARÁ NADA.

UTILIZAR LA IMAGINACIÓN

LA IMAGINACIÓN ESTÁ EN EL NÚCLEO DE TODA BUENA ESTRATEGIA DE MEMORIA. NOS PERMITE VISUALIZAR LOS ASPECTOS CLAVE DE LA INFORMACIÓN Y RECUPERARLA CUANDO LA NECESITEMOS. DADO QUE UNA SENCILLA IMAGEN PUEDE ESTIMULAR COMPLICADOS RECUERDOS, ESTAS TÉCNICAS SON ESPECIALMENTE PODEROSAS.

No PRECISA SUERTE

Imagen principal: la herradura es un símbolo tradicional de suerte, pero con sus nuevas estrategias de memoria puede estar seguro de no necesitarla... especialmente cuando imparta la charla ecuestre que aquí se describe.

Una imagen puede representar cualquier tipo de información, de forma que ésta sea más manejable y fácil de recordar. En realidad, retenemos enormes cantidades de datos sin ninguna dificultad. Así pues, a menudo, todo lo que necesitamos es recuperarnos con rapidez. De vez en cuando, los actores necesitan un apuntador en el escenario, pero en cuanto tienen unas pocas palabras de un párrafo, pueden seguir adelante sin más ayuda. Del mismo modo, su cerebro recuperará grandes cantidades de información al ser estimulado con una sencilla imagen. Piense en estas imágenes como pistas visuales. Se trata de versiones simplificadas del material original, pero lo suficientemente evocadoras como para traer a la mente todos los detalles. Suponga que tiene que pronunciar una charla sobre equitación para principiantes. A pesar de que conoce sobradamente el tema, se beneficiará de una serie de ordenadas imágenes clave que le ayudarán a hablar con fluidez y seguridad. Para recordar toda la secuencia, el truco consiste en crear una imagen evocadora que represente cada uno de los puntos. Estas imágenes deben colocarse en una de sus estructuras mentales, lo que le permitirá recuperar todas las ideas importantes de su charla con facilidad y en el orden correcto.

FRAGMENTAR LOS DATOS

Al preparar la charla debe apuntar los siguientes puntos principales:

1 costes
2 razas
3 vestuario
4 equipo
5 montar/desmontar
6 profesores
7 alimentación
8 cuidado de los cascos
9 transporte seguro
10 competiciones

Decídase por imágenes sencillas, elija una estructura de memoria que le sea familiar y coloque cada una de las imágenes en cada estancia. Por ejemplo, si elige A: la casa, su viaje visualizado empezará en la entrada...

... donde encontrará billetes de gran tamaño clavados alrededor del marco de la puerta. Diversos tipos de caballos galopan por el recibidor. Las ropas de montar se hallan esparcidas sobre el sofá de la sala. Un caro equipo yace sobre la mesa del comedor. La cocina está llena de escaleras de mano. Un profesor de su etapa escolar descansa en la terraza. Por el suelo del estudio se encuentran repartidos cubos de avena. En el dormitorio un remolque para caballos ocupa el lugar de la cama. Un automóvil flota en la bañera y, finalmente, la cuna del cuarto de los niños se halla cubierta de escarapelas.

Para dar su charla pasee por la estructura o sistema de memoria, recuperando una pista visual en cada estancia. Cada imagen le permitirá decir su discurso en el orden correcto.

ASIGNACIÓN DE PISTAS VISUALES

He aquí algunos ejemplos de las pistas visuales que podría haber elegido.

1 costes: billetes de gran tamaño.

2 razas: imágenes de caballos de varios tamaños y colores.

3 vestuario: alguien vestido para montar.

4 equipo: flamantes piezas de un equipo de equitación.

5 montar/ desmontar: escalera de mano.

6 profesores: un profesor de su etapa escolar.

7 alimentación: grandes cubos de avena o heno.

8 cuidado de los cascos: una herradura.

9 transporte seguro: automóvil de juguete.

10 competiciones: escarapela del ganador.

RECORDAR UN TEXTO

Es posible utilizar esta técnica para memorizar una cita o un pasaje de texto. Como ejemplo, imagine que precisa recordar las palabras de Charles Sherrington citadas en la página 20.

El primer paso consiste en organizar el texto en sus principales puntos:

1. El cerebro humano
2. es un telar encantado
3. cuyos millones de pases de la destellante lanzadera
4. tejen un modelo que se desvanece,
5. un patrón siempre significativo,
6. aunque nunca duradero,
7. una armonía cambiante
8. de submodelos.
9. Es como si la Vía Láctea
10. entrara en una especie de danza cósmica.

Seguidamente, asigne a cada una de estas ideas una pista visual. Imagine que debe ilustrar estas ideas para un libro. ¿Qué imágenes elegiría?

LA VISIÓN DE SHERRINGTON
Imagen principal: la descripción que Sherrington hace de la mente humana presenta una imagen romántica de las constelaciones de la Vía Láctea, llenas de intrincadas estructuras. Éstas pueden utilizarse para fragmentar la información en segmentos fáciles de recordar. Todos nosotros disponemos de un tosco mapa mental de nuestro universo y nuestro mundo, así que es lógico utilizarlo como una estructura mental para que el hecho de recordar sea más fácil.

EL SIGUIENTE PASO CONSISTE EN ELEGIR LA ESTRUCTURA O SISTEMA DONDE GUARDAREMOS LAS IMÁGENES ELEGIDAS. TAL Y COMO SE HA DICHO PREVIAMENTE, LAS ESTRUCTURAS PUEDEN CREARSE A PARTIR DE CUALQUIER LUGAR: EDIFICIOS, RUTAS DE PASEO, BARRIOS O INCLUSO EL MAPA DEL MUNDO. EN EL CASO DE USAR UN MAPAMUNDI, REMARQUE DIEZ PAÍSES O CONTINENTES, ELIJA UNA RUTA DESDE EL PUNTO UNO HASTA EL PUNTO DIEZ Y, DESPUÉS, LLÉNELA CON IMÁGENES. CONSEJO: PARA SIMPLIFICAR TODAVÍA MÁS EL TEXTO, PUEDE SELECCIONAR UNA SOLA PALABRA CLAVE DE CADA FRASE Y UTILIZARLA COMO UNA ETIQUETA MENTAL PARA CADA IMAGEN ELEGIDA (*VÉASE* INFERIOR).

ALREDEDOR DEL MUNDO
Inferior: el planeta Tierra constituye una estructura ideal porque es de fácil visualización y está grabado en nuestras mentes desde la infancia. Puede imaginarlo en tres dimensiones, como un globo terráqueo, o en dos dimensiones, como una imagen plana.

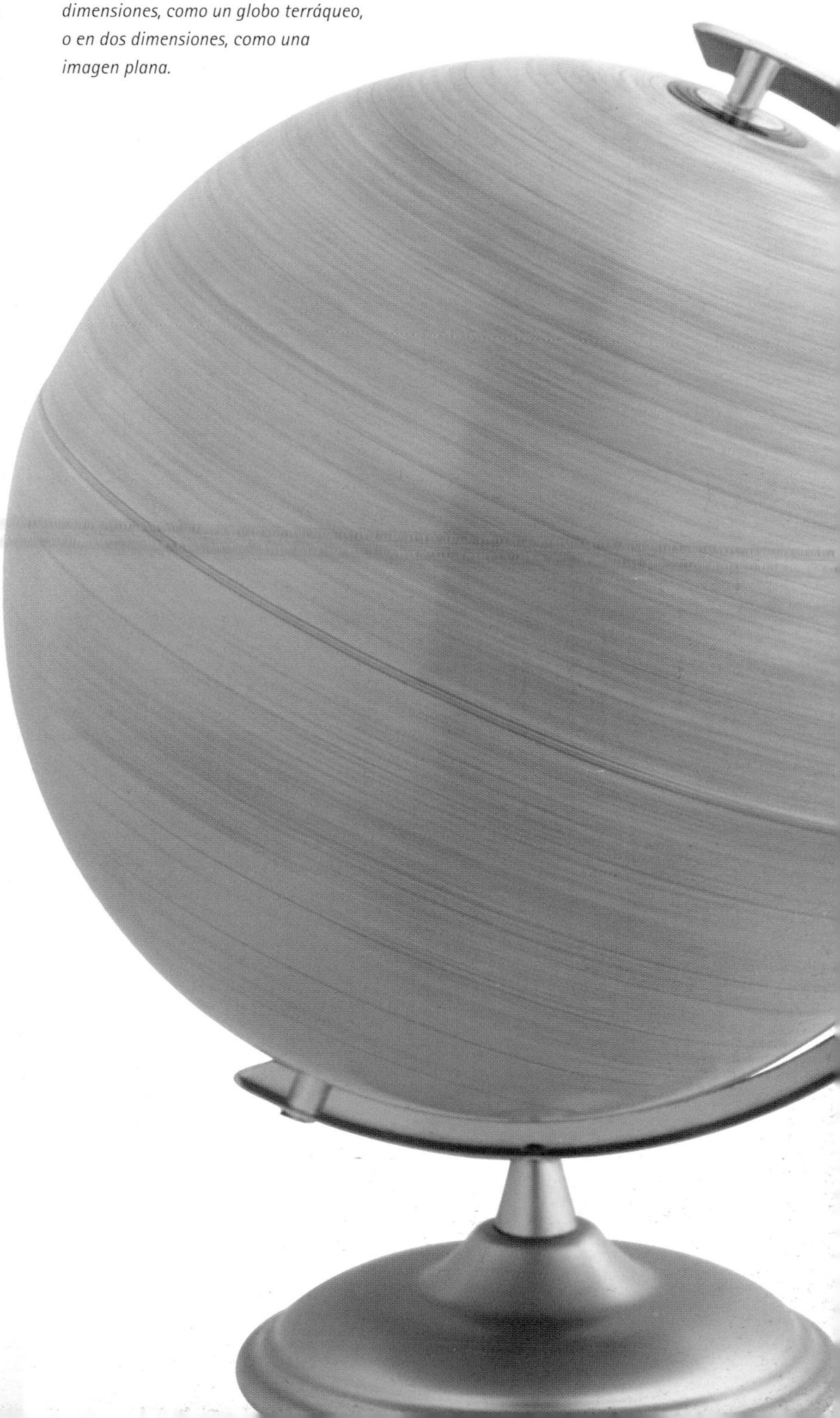

CEREBRO

DURADERO

TELAR

ARMONÍA

LANZADERA

SUB-MODELOS

TEJER

VÍA LÁCTEA

SIGNIFICATIVO

DANZA CÓSMICA

ESTRUCTURA C: EL MUNDO

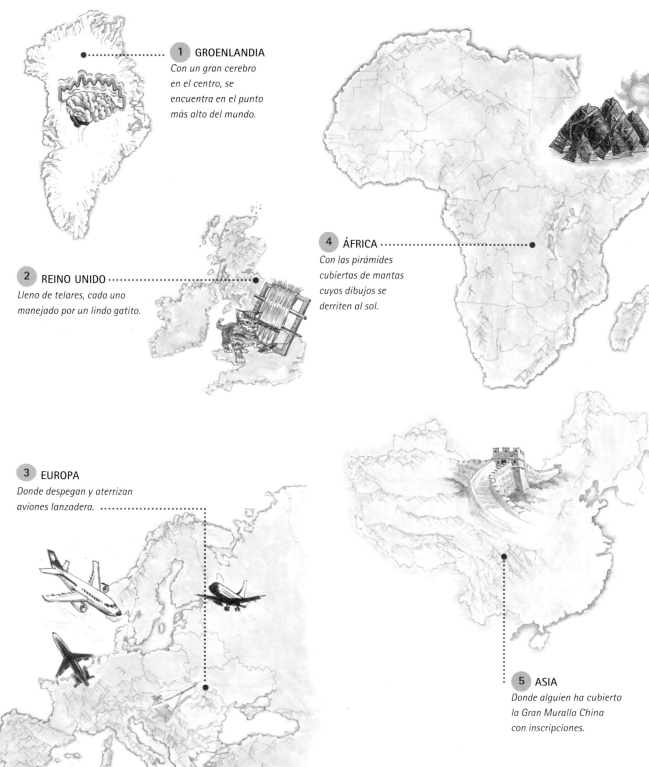

1 GROENLANDIA
Con un gran cerebro
en el centro, se
encuentra en el punto
más alto del mundo.

2 REINO UNIDO
Lleno de telares, cada uno
manejado por un lindo gatito.

3 EUROPA
Donde despegan y aterrizan
aviones lanzadera.

4 ÁFRICA
Con las pirámides
cubiertas de mantas
cuyos dibujos se
derriten al sol.

5 ASIA
Donde alguien ha cubierto
la Gran Muralla China
con inscripciones.

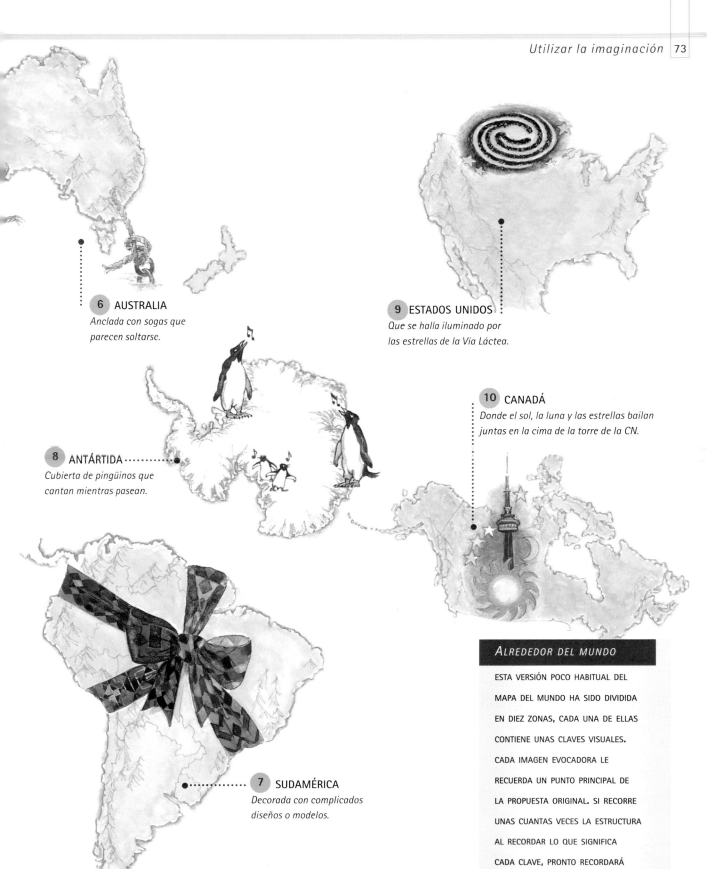

6 AUSTRALIA
*Anclada con sogas que
parecen soltarse.*

9 ESTADOS UNIDOS
*Que se halla iluminado por
las estrellas de la Vía Láctea.*

10 CANADÁ
*Donde el sol, la luna y las estrellas bailan
juntas en la cima de la torre de la CN.*

8 ANTÁRTIDA
*Cubierta de pingüinos que
cantan mientras pasean.*

7 SUDAMÉRICA
*Decorada con complicados
diseños o modelos.*

ALREDEDOR DEL MUNDO

ESTA VERSIÓN POCO HABITUAL DEL
MAPA DEL MUNDO HA SIDO DIVIDIDA
EN DIEZ ZONAS, CADA UNA DE ELLAS
CONTIENE UNAS CLAVES VISUALES.
CADA IMAGEN EVOCADORA LE
RECUERDA UN PUNTO PRINCIPAL DE
LA PROPUESTA ORIGINAL. SI RECORRE
UNAS CUANTAS VECES LA ESTRUCTURA
AL RECORDAR LO QUE SIGNIFICA
CADA CLAVE, PRONTO RECORDARÁ
LAS PALABRAS DE ORIGEN.

RECORDAR NÚMEROS

SER CAPACES DE RECORDAR NÚMEROS ES UNA HABILIDAD EXTREMADAMENTE ÚTIL. LOS NÚMEROS SE ENCUENTRAN POR TODAS PARTES (NÚMEROS DE TELÉFONO, CÓDIGOS PIN, PRECIOS, DIRECCIONES, ANIVERSARIOS), Y USTED PUEDE GANAR TIEMPO, MEJORAR SUS TÉCNICAS ORGANIZATIVAS Y AUMENTAR SU EFICACIA AL APRENDER CÓMO CREAR GRUPOS DE NÚMEROS MEMORIZABLES.

Muy pocos de nosotros nos vemos obligados a recordar largas secuencias de números, pero todos podemos beneficiarnos de la capacidad de recordar algunos dígitos en nuestra vida cotidiana. ¿Se ha encontrado alguna vez frente a una casa mientras trata desesperadamente de recordar si ésta o aquélla, diferenciadas sólo por un número, es la casa de su amigo? Seguro que conoce el embarazo de haber olvidado un cumpleaños importante, o la inconveniencia de olvidar el número de la taquilla donde ha guardado sus pertenencias.

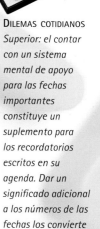

DILEMAS COTIDIANOS
Superior: el contar con un sistema mental de apoyo para las fechas importantes constituye un suplemento para los recordatorios escritos en su agenda. Dar un significado adicional a los números de las fechas los convierte en prácticamente imposibles de olvidar.

Los números sólo son difíciles de recordar cuando se pretende aprenderlos en su forma abstracta. Considerados únicamente como dígitos en una página, son intangibles y pueden provocar confusión. Si los modifica, puede tomar el control sobre ellos en su imaginación, haciéndolos compatibles con la forma de funcionar de su mente. Es probable que sin darse cuenta lo haga ya con algunos de los números que precisa recordar. Si coloca números significativos (cumpleaños, el número de las casas, aniversarios) dentro de largas secuencias o los imagina creando patrones, utilizará una estrategia sencilla para incrementar su capacidad de recordar.

Quizás, al comprar lotería elige números que le son familiares, de manera que es capaz de recordarlos de semana en semana.

EL MOMENTO DE REGALAR
Superior: los cumpleaños y los aniversarios son momentos de gran felicidad y afectividad entre familiares y amigos. Ésta es la razón por la que es tan importante conocer estas fechas.

Tan pronto como un número adquiere cierto sentido o identidad, y sugiere imágenes o sensaciones, se hace mucho más fácil de recordar.

En un famoso experimento sobre la memoria, realizado en los años ochenta, se enseñó a un estudiante universitario a recordar largas secuencias de dígitos. Inicialmente, sus resultados no eran superiores a la media, pero después de enseñarle una técnica memorística específica fue capaz de memorizar números de ocho dígitos, y más.

Su sistema consistía en dar sentido a los números. El estudiante, un consumado atleta, conocía muchas estadísticas deportivas, como los tiempos medios en las competiciones.

Cuando veía una secuencia de dígitos, buscaba entre ellos números significativos y los comparaba con hechos ya almacenados en su memoria; cuando su vista se fijó en 1217, pensó: «es una marca excelente para los cien metros». Asimismo, los dígitos 236 le sugirieron: «es casi lo mismo que mi marca personal del salto de longitud».

De pronto, los números adquirieron interés para él, ya que desencadenaban imágenes y emociones. Además, descubrió que podía recordarlos con facilidad.

Usted también puede experimentar con esta técnica; utilice para ello el siguiente número de diez cifras:

6 3 2 6 7 5 3 6 6 0

Pídale a un amigo que se lo lea un par de veces e intente recordarlo. Después haga lo mismo con un segundo amigo, pero esta vez describa los dígitos como el resultado de un emocionante partido de tenis:

6-3   2-6   7-5   3-6   6-0

Indique al amigo que imagine que el partido tiene lugar en ese momento e intente pensar en cómo se tiene que haber sentido cada jugador después de cada juego.

Si pasados un par de días comprueba la capacidad para recordar de sus dos amigos, casi seguro que observará que el segundo recuerda mejor el número que el primero.

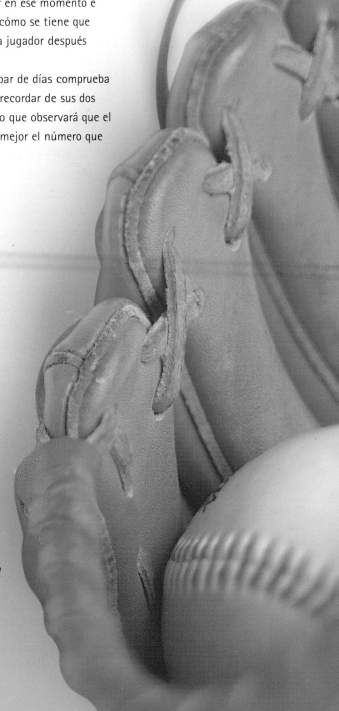

HAZAÑAS DEPORTIVAS
Imagen principal: para los amantes del deporte, el recordar los resultados es un reto clave. Partidos y acontecimientos importantes constituyen fragmentos valiosos de la historia deportiva, y saber quién ganó y con qué margen hace que la historia viva a través del detalle. Contar con un sistema para memorizar los resultados conlleva una gran sensación de triunfo.

Los números como imágenes

Con una sencilla técnica de asociación puede transformar cualquier número en una imagen evocadora.

Empiece por asignar una imagen a cada número, del cero al nueve, basada en la forma del número. Más adelante, un gran número de imágenes pueden representar un mismo dígito, pero siempre se fundamentarán en las diez siguientes ideas:

0 **ES UNA PELOTA:** *piense en él como el número más saludable y activo, asociado a los deportes y juegos.*

1 **ES UNA PLUMA:** *está equipado con un gran número de tintas de distintos colores.*

2 **ES UN PATO:** *este número puede volar grácilmente y es pacífico y sereno.*

3 **ES UN PAR DE ESPOSAS ABIERTO:** *memorice el tres como el símbolo de una disciplina estricta, relacionado con la ley y el orden.*

4 **UN VELERO:** *flota en el agua y navega rápida y suavemente.*

5 **ES UN GANCHO:** *de punta afilada, se utiliza para levantar y cargar.*

6 **ES UN CAÑÓN:** *este número es poderoso, ruidoso y violento.*

7 **ES UNA LÁMPARA:** *piense en el siete como un número cálido y luminoso.*

8 **ES UN MUÑECO DE NIEVE:** *es el número del frío, relacionado con el tiempo invernal.*

9 **ES UN CUCURUCHO DE HELADO:** *puede comerse este número y le recuerda su infancia.*

Dedique unos minutos a repasar estas imágenes con su mente. Asegúrese de poder recordar la imagen básica de cada uno de los dígitos e intente recuperar las cualidades asociadas a ellos (la calidez del siete, por ejemplo, o la serenidad del dos).

Para usar este sistema, sencillamente lleve hasta su mente la imagen apropiada de cada dígito y, después, conecte todas las imágenes. Es parecido a escribir una historia; asocia las imágenes creando una evocadora cadena de sucesos. Puede utilizar la primera imagen para hacerle algo a la segunda. Después puede poner la segunda imagen dentro de la tercera; la tercera puede transformarse en la cuarta... Haga la historia tan vívida como sea posible y haga participar a todos sus sentidos.

En la parte superior de la columna de la derecha se encuentran cuatro números de cuatro dígitos cada uno de ellos. Para recordar los dígitos, por ejemplo 1, 6, 0 y 5, puede imaginar que utiliza una pluma (1) para escribir en un cañón (6), después cargar contra un balón (0) y alzar el conjunto con un gran gancho (5). Quizá, su pluma escribe con tinta verde brillante para contrastar con el color herrumbroso del cañón; el balón es una pequeña pelota de piscina y el gancho pertenece al capitán Garfio, el cual desea utilizar este cañón en su barco pirata.

Visualice esta escena con los ojos de su mente y será capaz de reconvertir estas imágenes en los dígitos originales.

Si puede recordar la utilización de una pluma para escribir sobre un cañón que carga sobre una pelota, para elevar el conjunto con un gancho, será capaz de recordar los números 1, 6, 0 y 5.

IMÁGENES EVOCADORAS

Inferior derecha: su imaginación le permite transformar los números en imágenes evocadoras como un cañón para el número seis. Siempre que sea capaz de transformarlos nuevamente cuando los necesite, es más práctico almacenarlos bajo esta manejable forma.

HISTORIAS DIVERTIDAS

1605 7324 6582 0935

Imagine una historia para cada uno de los números y localice cada historia dentro de una de sus estructuras de memoria. Elija una estructura con la que esté familiarizado y fije una historia en las primeras cuatro estancias de la misma. Use plenamente su imaginación para visualizar los hechos que ocurren en este nuevo entorno. Quizá pueda emplear los adornos u otros detalles ya existentes en el escenario de la historia. Si utiliza la estructura B, la oficina, empiece por fijar los dígitos 1605 en la primera localización, e imagine a un oficinista (¡o incluso a usted mismo!) enfadado que realiza una pintada (1) sobre un cañón (6) porque bloquea la entrada.

En el caso del número 7324, puede pensar que enciende la luz (7) en la zona de recepción, sólo para que el guardia de seguridad le ponga las esposas (3). Para escapar se transforma en un pato (2) y vuela por encima del mar, desde donde observa varios veleros (4).

Ahora, acabe la historia para el número 1605 y cree nuevas historias para el 6582 y el 0935.

TÉCNICAS Y HABILIDADES

CON UN POCO DE IMAGINACIÓN CUALQUIER TIPO DE
INFORMACIÓN PUEDE RESULTAR FÁCIL DE RECORDAR.

Cuando utilice imágenes vívidas para representar
información abstracta, puede colocar sus imágenes
mentales dentro de las estructuras de memoria.
Estas imágenes desencadenan el recuerdo de la
información original, y la estructura que las envuelve
las mantiene en el orden correcto, lo que convierte
esta estrategia en un elemento útil para aprender
nuevas habilidades y procedimientos.

En primer lugar, remarque los elementos principales
del procedimiento y, después, categorícelos y
visualícelos utilizando los mismos métodos que ha
empleado para memorizar otras listas.

TRABAJO DE CARPINTERÍA

La técnica básica para cortar una juntura con forma
aserrada es un ejemplo perfecto de cómo las técnicas
pueden memorizarse mediante una fragmentación
inicial, seguida de una visualización.

**APRENDER UNA
NUEVA TÉCNICA**
*Inferior izquierda:
para aprender una
nueva técnica,
como el trabajo
de la madera, es
imprescindible
resaltar las
partes clave de
la técnica con el fin
de asegurarse de
que se ha entendido.
La comprensión
es la base de la
memorización. En
cuanto obtenga una
lista de las partes
clave, debe asignarse
a cada una de
ellas una imagen
evocadora colocada
dentro de una
estructura que
resulte familiar.*

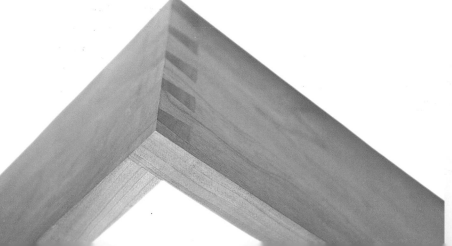

ORGANIZAR LA INFORMACIÓN ES ESENCIAL.
HE AQUÍ LOS PUNTOS PRINCIPALES PARA HACER
UNA JUNTURA A COLA DE MILANO.

1 Preparación:
prepare la
madera y mida
los cortes a
realizar.

2 Selección:
elija la sierra
correcta, incluida
la espiga, la
albardilla y
la cola de milano.

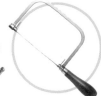 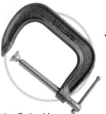

3 Sujeción con
abrazadera: sujete
las piezas con
abrazaderas.

4 Corte: sierre
con cuidado.

5 Cincelar:
utilice un cincel
para eliminar
las rebabas.

6 Ajustar:
compruebe
el ensamblaje
de la juntura
y ajuste.

7 Acabado: para
acabar, alise
suavemente
la superficie.

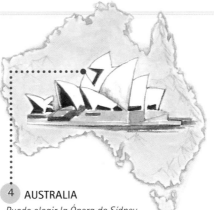

7 ASIA

Se concentra en la Gran Muralla China. En toda su longitud está tan lisa como la seda, por tanto, para finalizar debe alisar la juntura.

4 AUSTRALIA

Puede elegir la Ópera de Sídney, ya que se caracteriza por su techo, que parece haber sido serrado.

1 GROENLANDIA

Un barco ha chocado contra un iceberg, y los marineros preparan junturas a cola de milano para fijar la balsa, lo que le recuerda que debe señalar las junturas.

5 ANTÁRTIDA

La mayor parte del hielo ha sido cincelado, lo que le recuerda que debe cincelar las rebabas.

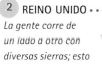

2 REINO UNIDO

La gente corre de un lado a otro con diversas sierras; esto le sugiere que debe elegir las sierras.

APLICAR A CUALQUIER TÉCNICA

RECORRA NUEVAMENTE LA RUTA Y ENCONTRARÁ LAS SUFICIENTES PISTAS VISUALES EN CADA FASE COMO PARA DESPERTAR SU MEMORIA. APLIQUE EL SISTEMA PARA ESTA O CUALQUIER OTRA TÉCNICA Y, PRONTO, LAS DOMINARÁ SIN NINGUNA DIFICULTAD. LAS IMÁGENES DE SU MENTE CONSTITUYEN RECORDATORIOS VÍVIDOS DE CADA ETAPA, Y LA RUTA ESTABLECIDA LE ASEGURA QUE REALIZARÁ CADA PASO EN EL ORDEN CORRECTO.

6 ÁFRICA

La gente intercambia la ropa para comprobar si le sienta bien. Esta extraña escena le avisa que debe comprobar el ajuste de la juntura.

3 EUROPA

Unos alpinistas escalan los Alpes, pero deben sujetarse a los árboles para no caer. Esto le advierte que deberá sujetar la madera a la mesa de trabajo mediante abrazaderas.

AMPLIAR LA MEMORIA

SI QUEREMOS AMPLIAR NUESTRA MEMORIA NO PODEMOS BLOQUEARNOS POR NUESTRAS
AUTOIMPUESTAS LIMITACIONES; NO PODREMOS CRECER A MENOS QUE VAYAMOS
MÁS ALLÁ DE NUESTRAS IMAGINADAS CAPACIDADES.

Cada estructura creada puede constar de un máximo de 10 zonas o estancias pero cada una puede albergar una enorme cantidad de información. Si convierte cada punto de su ruta en el punto de partida de una historia, una única estructura poseerá una capacidad infinita.

Habitualmente, la falta de confianza es el mayor obstáculo para aumentar la capacidad memorística. Estamos acostumbrados a sentirnos inseguros en relación a nuestra capacidad para aprender y recordar. Así pues, establecemos nuestros propios límites sobre lo que somos capaces de archivar y asumimos que sería imposible sobrepasarlos. Esta creencia en los límites autoimpuestos es especialmente evidente cuando se trata de aprender una gran cantidad de información. Una voz en nuestro interior nos dice que realmente se trata de demasiada información a manejar. No es sorprendente que la profecía se convierta en realidad.

Cuando sabemos cómo utilizar nuestra memoria, la cantidad de información deja de ser tan importante.

NÚMEROS INFINITOS
Inferior: los profesores y artistas de la memoria con frecuencia demuestran su habilidad para recordar cientos de números en secuencias. Parece impresionante, pero se trata de la misma técnica básica que acaba usted de aprender. Elimine las barreras mentales, y las técnicas que está perfeccionando le permitirán memorizar todo lo que desee.

Aprendemos mediante la creación de evocadoras imágenes ordenadas en patrones conectados. Si las conexiones son lo suficientemente fuertes las cadenas mentales deberían permitirle gestionar cualquier cantidad de información. Por ejemplo, si es capaz de aprender cuatro números mediante la construcción de una historia fácil de recordar, no existe razón alguna para que siga con la historia, creando una asociación tras otra, hasta, finalmente, llegar a memorizar 44 o 444 números.

LA PRÁCTICA LLEVA A LA PERFECCIÓN
Cuanto más practiquemos mayor será nuestra sensación de confianza. Evite la tentación de pensar que el proceso se hace más difícil a medida que añade nuevos fragmentos de información. Mientras sigamos creando imágenes y conexiones, la memoria no nos fallará.

Para demostrárselo a sí mismo, intente memorizar una lista de catorce palabras elegidas aleatoriamente. Las imágenes y las conexiones han sido creadas para usted; simplemente léalas e imagínelas con los ojos de su mente.

En este ejemplo sólo se usa una pequeña parte de una estructura (estructura B, la oficina) explicada ampliamente en las páginas 60-63. Los acontecimientos de esta historia se concentran en las tres primeras zonas: dos de las cuales contienen cinco imágenes, y la tercera cuatro.

Las palabras a memorizar son: empresario, plátano, cuchillo, harina, perro, fútbol, queso, vaso, ratón, maleta, boxeador, carne, pecera, televisión.

¿POR DÓNDE EMPEZAR?

Su viaje empieza en la entrada del edificio, donde un empresario impecablemente vestido intenta impedir que entre, amenazándole con un gran plátano inflable. Usted saca su cuchillo nuevo y revienta el plátano. Éste explota liberando una capa de harina blanca que cubre por completo a un perro que pasa por allí. Imagine al pobre perro cubierto de harina de la cabeza a los pies corriendo a ciegas hacia una esquina. Entra en la zona del vestíbulo donde se juega un partido de fútbol. En lugar de un balón, los jugadores utilizan un gran queso. Uno de ellos lo chuta con fuerza y vuelca un vaso que se rompe en mil pedazos.

Un ratón que al parecer se hallaba dentro del vaso huye precipitadamente de un lado a otro pisando los fragmentos esparcidos por el suelo. Como medida de seguridad, caza al ratón y lo mete en su maleta. El recepcionista parece no estar y en su lugar hay un boxeador. Como tentempié, el boxeador come un enorme trozo de carne, y echa los restos en una pecera cercana. Por desgracia, el impacto vuelca todo el recipiente, el cual se estrella contra un caro equipo de televisión.

Ahora dispone de una secuencia de imágenes cuidadosamente conectadas que le ayudarán a recordar la lista. Con confianza escriba la lista en un papel o recítela de memoria.

CUARTA PRUEBA DE PROGRESO

PRACTICAR CON LAS ESTRUCTURAS: EN ESTA PRUEBA UTILIZARÁ SUS TÉCNICAS DE VISUALIZACIÓN PARA UBICAR FRAGMENTOS DE INFORMACIÓN DENTRO DE SU ESTRUCTURA MEMORÍSTICA. AL CONSTRUIR SUS IMÁGENES MENTALES, TRABAJE LENTA Y SISTEMÁTICAMENTE, A FIN DE QUE PUEDA RECORDARLAS CON MAYOR CLARIDAD.

LOCO POR LA TALLA EN MADERA

IMAGINE QUE TIENE QUE IMPARTIR UNA CHARLA SOBRE LA TALLA EN MADERA. UTILICE SU ESTRUCTURA MENTAL PARA MEMORIZAR LOS PUNTOS PRINCIPALES.

1 Historia de la afición

2 Inspiración

3 Equipo y herramientas

4 Afilar las herramientas

5 Diseño

6 Utilización de plantillas

7 Talla en tres dimensiones

8 Talla en relieve

9 Tallas poco habituales

10 Direcciones útiles en Internet

SECUENCIA DE NÚMEROS

BAJO ESTAS LÍNEAS SE ENCUENTRA UN NÚMERO DE QUINCE DÍGITOS. COMPRUEBE CUÁN RÁPIDAMENTE PUEDE MEMORIZARLO UTILIZANDO EL SISTEMA DE LOS NÚMEROS QUE SE EXPLICA EN LAS PÁGINAS 76-77. CONVIERTA CADA DÍGITO EN UNA IMAGEN Y CONECTE ÉSTAS ENTRE SÍ MEDIANTE UNA HISTORIA O COLÓQUELAS EN UNA ESTRUCTURA MEMORÍSTICA.

3 9 7 1 0 9 8 4 6 3 7 2 3 8 5

SUGERENCIA: cuando haya recordado con éxito la secuencia de números, intente repetirla al revés. A pesar de que inicialmente pueda parecer mucho más difícil, no existe razón para que lo sea. Sólo siga la cadena de acontecimientos desde el final hasta el inicio o muévase en sentido contrario a través de la estructura memorística.

HABILIDADES TÉCNICAS

BAJO ESTAS LÍNEAS SE PRESENTA, EN EL ESTILO DE UN LIBRO DE TEXTO, LA EXPLICACIÓN DE UNA TÉCNICA DE ARREGLOS FLORALES. FRAGMENTE LAS INSTRUCCIONES EN PUNTOS INDIVIDUALES; DECIDA UNA IMAGEN PARA REPRESENTAR CADA UNO DE ELLOS Y FIJE LA SECUENCIA EN UNA ESTRUCTURA. COMPRUEBE CUÁNTO DEL PROCEDIMIENTO ORIGINAL ES CAPAZ DE RECORDAR.

«Para realizar un arreglo floral llene el recipiente con espuma húmeda. Coloque las hojas en forma de abanico en la parte posterior del recipiente. Corte los tallos de las flores más pálidas y colóquelas siguiendo la forma del follaje. Añada las flores más oscuras, colocándolas uniformemente entre las más pálidas. Por último, inserte las flores más delicadas.»

SUGERENCIA: vuelva a las páginas 78-79 para recordar la técnica de aprendizaje.

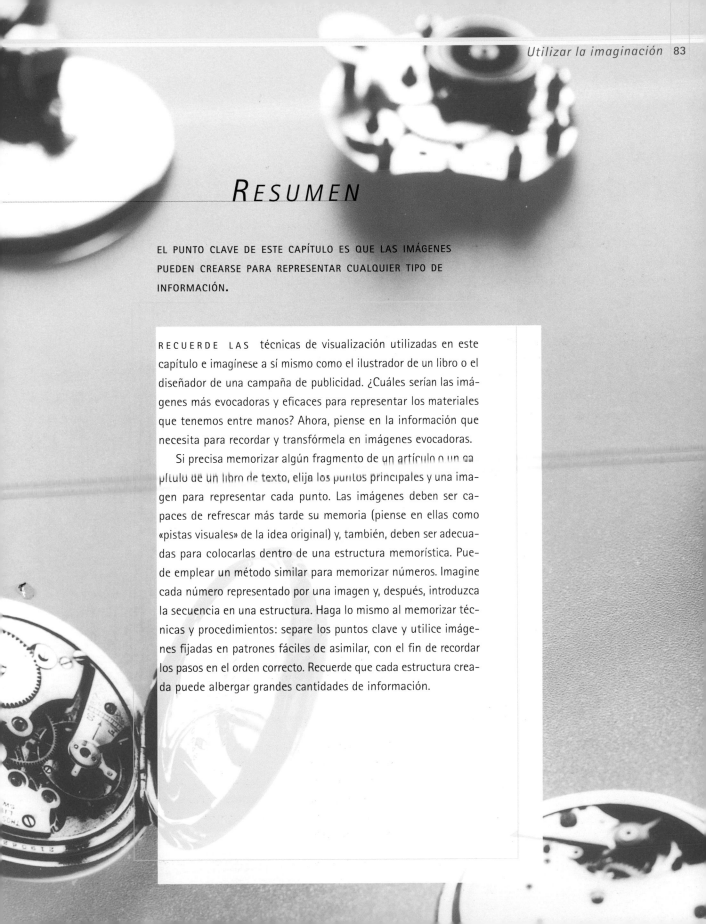

RESUMEN

EL PUNTO CLAVE DE ESTE CAPÍTULO ES QUE LAS IMÁGENES PUEDEN CREARSE PARA REPRESENTAR CUALQUIER TIPO DE INFORMACIÓN.

RECUERDE LAS técnicas de visualización utilizadas en este capítulo e imagínese a sí mismo como el ilustrador de un libro o el diseñador de una campaña de publicidad. ¿Cuáles serían las imágenes más evocadoras y eficaces para representar los materiales que tenemos entre manos? Ahora, piense en la información que necesita para recordar y transfórmela en imágenes evocadoras.

Si precisa memorizar algún fragmento de un artículo o un capítulo de un libro de texto, elija los puntos principales y una imagen para representar cada punto. Las imágenes deben ser capaces de refrescar más tarde su memoria (piense en ellas como «pistas visuales» de la idea original) y, también, deben ser adecuadas para colocarlas dentro de una estructura memorística. Puede emplear un método similar para memorizar números. Imagine cada número representado por una imagen y, después, introduzca la secuencia en una estructura. Haga lo mismo al memorizar técnicas y procedimientos: separe los puntos clave y utilice imágenes fijadas en patrones fáciles de asimilar, con el fin de recordar los pasos en el orden correcto. Recuerde que cada estructura creada puede albergar grandes cantidades de información.

APLICACIONES BÁSICAS

ALGUNAS PERSONAS OLVIDAN LA INFORMA-
CIÓN PORQUE EL DESPISTE SE HA CONVERTI-
DO EN UN HÁBITO. PARA EMPEZAR A RECOR-
DAR, HAY QUE ELIMINAR LOS MALOS HÁBITOS
Y PONER EN MARCHA NUESTRA PODEROSA
MEMORIA DE LA FORMA MÁS PRÁCTICA POSI-
BLE (DESDE NOMBRES Y DIRECCIONES HASTA
RUTAS EN CARRETERA O CONTENIDOS PARA UN
EXAMEN). LOS DIVERTIDOS SISTEMAS QUE SE
EXPLICAN EN ESTE LIBRO NO SERÁN MÁS QUE
GRANDES PROMESAS MIENTRAS NO LOS USE
DE MANERA REAL.

NECESIDADES HABITUALES DE LA MEMORIA

UTILICE SUS NUEVAS HABILIDADES PARA RECORDAR A LAS PERSONAS QUE CONOCE, FECHAS Y ESTADÍSTICAS, CONOCIMIENTOS GENERALES, LA MATERIA DE UN EXAMEN, DIRECCIONES E IDIOMAS. PRONTO, DISFRUTAR DE UNA BUENA MEMORIA SERÁ LO MÁS NATURAL DEL MUNDO PARA USTED, Y LA HABILIDAD PARA RECORDAR UN GRAN NÚMERO DE HECHOS CAMBIARÁ SU VIDA.

NOMBRES Y CARAS

Existe una leyenda que asegura que Jerjes, el rey de Persia, sabía el nombre de todos sus soldados. Se cree que tenía alrededor de cien mil hombres bajo su mando. En nuestros tiempos, el «hombre memoria» americano, Harry Lorayne, se hizo famoso por memorizar el nombre de todo el que acudía a su espectáculo. Se estima que memorizó más de ocho millones de nombres.

Piense en lo embarazoso que resulta cuando reconoce la cara, pero es incapaz de recordar el nombre. Ahora imagine que no vuelve a vivir nunca más esa situación. Debe seguir algunos pasos básicos para asegurarse de que jamás volverá a olvidar un nombre; una técnica que mejorará tanto su vida social como profesional.

Algunas personas tienen problemas en este sentido y consideran muy frustrante la experiencia de ser incapaces de recordar un nombre. ¿Alguna vez ha sido presentado a alguien en una reunión o fiesta, al cual, luego, ha tenido que presentar a un viejo amigo sin poder recordar ninguno de sus nombres?

Es posible tomar el control de este ámbito de la memoria y obtener beneficios positivos a la hora de recordar a cualquiera que usted encuentre. Piense cómo se siente cuando alguien le sorprende al recordar su nombre. Es muy agradable que le recuerden a uno, nos hace sentir importantes. Aprenda a recordar los nombres, y todo aquel a

¿QUÉ HAY EN UN NOMBRE?
Superior: para muchas personas, el conocer un nombre no es suficiente para recordarlo. Su memoria visual le dice que conoce esa cara, pero recordar el nombre es harina de otro costal... hasta que conozca los pasos hacia el éxito.

quien conozca puede convertirse en parte de su círculo social o profesional.

PRIMER PASO: DECIDIRSE A RECORDAR

En lugar de asumir que olvidará, tome una decisión consciente para poner en marcha su memoria y recordar los nuevos nombres.

SEGUNDO PASO: ESCUCHE EL NOMBRE

Al ser presentados, es fácil hacer el esfuerzo para sonreír, dar la mano y ser agradable, pero realmente no escuchamos el nombre de la otra persona. Si no lo registra en su memoria, ya no tendrá oportunidad de recordar. De manera que asegúrese de que escucha. A ser posible utilice de inmediato el nombre de la persona: «Hola Arturo, encantado de conocerte». Manifieste interés por el nombre, en especial si es poco habitual: puede preguntar cómo se escribe o su significado. Concéntrese siempre en el nombre.

TERCER PASO: REPETIR EL NOMBRE

Durante la conversación, introduzca ocasionalmente el nombre de la persona. Al mismo tiempo repítaselo mentalmente. ¿Puede imaginar cómo quedaría el nombre escrito en un papel? ¿Cómo será la firma de esa persona?

UTILIZACIÓN DE LOS NOMBRES
Superior derecha: intente visualizar las firmas para ayudarle a recordar los nombres. Por ejemplo, para acordarse del nombre Arturo, imagine el legendario rey Arturo escribiendo su nombre en letra gótica.
Inferior: cuando se han conocido diferentes aspectos de una persona, se es más capaz de recordar su nombre.

CUARTO PASO: CREAR PISTAS VISUALES

Crear imágenes que relacionen el nombre con la cara. Quizás, el nombre tenga un sonido majestuoso y regio, y le sugiera una bella firma. O tal vez esa persona tiene un nombre relacionado con una profesión, y puede utilizar un uniforme como pista visual. O comparte nombre con un actor que le viene a la mente. También, parte de un nombre puede ser una palabra por sí misma, un objeto o un animal. Trate de concentrarse en estas imágenes.

QUINTO PASO: RELACIONAR LAS IMÁGENES CON LA PERSONA

Cree una conexión entre la persona y las imágenes de su mente. Las personas con nombre de alguna estrella pueden transformarse en ese famoso. O imagine a la persona cambiando de color o emitiendo el ruido del animal que le evoca el nombre. La próxima vez que la vea poseerá poderosas pistas visuales para recordar su nombre.

Arturo, Amelia, Beatriz, Fernando, Isabel

Tomás, Nuria, José, Silvia

Enrique, Carlos, Luis, Francisco

«PARECE UN CONEJO»
Derecha: si piensa que una persona se parece a un determinado animal, construya una conexión consciente entre el animal y el nombre de la persona.

PONER EN PRÁCTICA LA TEORÍA

He aquí unos ejemplos de algunas imágenes que puede usar para recordar nombres.

SEÑOR PANIAGUA

Este apellido nos puede evocar varias imágenes diferentes con suma facilidad. Tomemos, por ejemplo, la primera parte e imaginemos una crujiente y apetitosa barra de pan.

SEÑOR IGLESIAS

En este caso, la imagen obvia es una iglesia. Imagine al señor Iglesias en el interior, leyendo una antigua Biblia de gran tamaño.

SEÑORA LOURDES ORTIZ

El nombre de esta señora es de origen francés, así que puede imaginar un símbolo que se asocie a este país. La puede imaginar vestida con la bandera francesa, comiendo *croissants* o mirando hacia usted desde lo alto de la torre Eiffel.

DOCTOR REY

Quizás puede pensar en un rey vestido de médico, con una bata blanca y un fonendoscopio, sobre sus reales ropas.

SEÑORA GIMÉNEZ

El apellido de esta señora coincide con el de la telefonista de su despacho. Tal vez imagine a la señora Giménez trabajando ajetreadamente en la oficina, donde no paran de sonar los teléfonos.

SEÑOR DORADO

¿Qué proporción de las ropas del señor Dorado son realmente de oro? En su imaginación vuélvale completamente dorado.

SEÑORITA MARX

He aquí otro famoso apellido. Puede imaginar a la señorita Marx imitando al actor Groucho Marx. ¿Cómo andaría, hablaría y cómo se sentirían las personas presentes si empezara a contar chistes?

SEÑORA SOCORRO PÉREZ

Quizá piense en una llamada de emergencia. ¿Por qué podría hacer una llamada de emergencia la señora Socorro? La puede imaginar perdiendo el control del avión y pidiendo ayuda.

SEÑOR MONEDERO

Aparecen imágenes de monedas en su mente, de manera que puede visualizar la chaqueta del señor Monedero cubierta de monedas o con unos flamantes pendientes hechos con monedas. A lo mejor, al abrir la mano, nos ofrece un puñado de brillantes monedas.

SEÑORA PAZ

Dado que se trata del símbolo internacional de la paz, puede imaginar el sonido que hace una paloma. ¿Dónde esconde la señora Paz a sus palomas? Puede visualizar una asomando en su bolsillo.

Como siempre, cree sus imágenes lo más exageradas, divertidas, extrañas y vívidas posible. Utilícelas para recordar un nombre unas pocas veces y, pronto, podrá dejar las imágenes y relacionar automáticamente la cara con el nombre.

FICHAS DE ARCHIVO MENTALES

EN EL CASO DE PERSONAS CON LAS QUE TENDRÁ UN CONTACTO REGULAR, NO ES MALA IDEA PREPARAR UN GRUPO DE FICHAS MENTALES QUE CONTENGAN HECHOS Y DETALLES ÚTILES E INTERESANTES DE LA FORMA MÁS ACCESIBLE POSIBLE. LAS FICHAS MENTALES LE PERMITEN HABLAR CON CONFIANZA Y HACER MENCIÓN A LA MAYORÍA DE LAS COSAS QUE USTED SABE REFERENTES A LA PERSONA EN CUESTIÓN.

Es muy importante conocer datos personales de las personas con las que trabajamos (su ocupación, aficiones, estado civil, etcétera). Los detalles personales que recuerde demostrarán su interés por el compañero, que con seguridad responderá positivamente.

Lo mismo es válido para sus relaciones sociales. El conocimiento de unos pocos detalles personales ayudan a mantener una conversación interesante y evita el mencionar temas que puedan ofender a su interlocutor.

Finalmente, si recuerda lo que los demás le cuentan, es mucho más probable que ellos le recuerden a usted.

Para empezar a diseñar sus fichas mentales, deberá aumentar ligeramente su sistema numérico. Hasta ahora, ha aprendido imágenes para los números del 0 al 9, pero ahora es necesario añadir el 10, el 11 y el 12, con el fin de recordar cumpleaños, aniversarios y citas.

SISTEMA DE ARCHIVO DEFINITIVO
Derecha: imagínese lo seguro que se sentiría si toda la información que precisa conocer, sobre sus amigos, compañeros, conocidos y clientes, la tuviera a mano, como en un fichero de oficina.

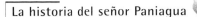
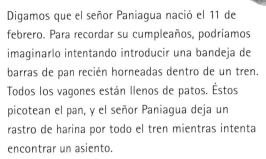

10: El Primer Ministro británico vive en el número 10 de Downing Street, de manera que la imagen para este número es una puerta grande y regia. Este número viene definido por palabras como formal y sólido.

11: En este caso, la idea es la de un tren, ya que el número 11 parece un par de vías de tren. El tren está sucio, es ruidoso, echa humo y recorre la campiña con rapidez.

12: El 12 es el número más alto en el reloj, por tanto, la imagen evocadora en este caso es un reloj, con su constante tic-tac, sonoro y fiable.

Dé vueltas en su cabeza a estas tres imágenes poniendo en ello todos sus sentidos. Seguidamente, recuerde las imágenes adjudicadas a los dígitos del 0 al 9, y vuelva a la página 76 si necesita refrescar su memoria.

Con este sistema numérico ampliado puede añadir cumpleaños a los nombres, junto a otros hechos y detalles sobre las personas que va a conocer.

La historia del señor Paniagua

Digamos que el señor Paniagua nació el 11 de febrero. Para recordar su cumpleaños, podríamos imaginarlo intentando introducir una bandeja de barras de pan recién horneadas dentro de un tren. Todos los vagones están llenos de patos. Éstos picotean el pan, y el señor Paniagua deja un rastro de harina por todo el tren mientras intenta encontrar un asiento.

Al verle, una serie de imágenes aparecen en su mente. Primero, imagínele vestido como un verdadero panadero y con una bandeja de barras de pan. Seguidamente, imagínelo subiendo a un tren lleno de patos. El tren representa el número 11 y los patos el 2, así pues, el cumpleaños del señor Paniagua debe ser el 11 de febrero.

Quizás el tren se dirige a la campiña, porque él es aficionado al senderismo. En una radio del vagón podría sonar un *rock and roll* para recordarle a usted su tipo de música favorita. Utilice su imaginación para crear una escena formada de imágenes clave que le recuerden algún dato sobre el señor Paniagua. Con esta información, a mano mientras habla, se comunicará con mayor confianza, sabrá plantear las preguntas adecuadas y dará una imagen de persona atenta, interesada y organizada.

Cualquier detalle puede transformarse en imágenes, desde el sistema numérico hasta su propia imaginación, y añadirse a la imagen básica de la persona que vaya a ver.

Visualice a la señora Marx explicando chistes, utilizando un cucurucho de helado (9) como cigarro y siendo esposada (3) por alterar el orden, con lo que recordará que su cumpleaños es el 9 de marzo.

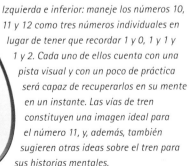

Tres nuevos números
Izquierda e inferior: maneje los números 10, 11 y 12 como tres números individuales en lugar de tener que recordar 1 y 0, 1 y 1 y 1 y 2. Cada uno de ellos cuenta con una pista visual y con un poco de práctica será capaz de recuperarlos en su mente en un instante. Las vías de tren constituyen una imagen ideal para el número 11, y, además, también sugieren otras ideas sobre el tren para sus historias mentales.

DATOS Y ESTADÍSTICAS

MANTENGA LA LÓGICA

Inferior: para evitar la confusión, asegúrese de que cada imagen representa un solo número. En el caso inferior, decida por adelantado si la nadadora representa el 4, ya que está relacionada con el agua, el 0, porque lleva un balón, o el 40 porque combina ambas referencias. Mantenga siempre constantes sus imágenes numéricas para que sea más fácil familiarizarse con ellas.

IMÁGENES CONECTADAS

El sistema que utilizamos para recordar los números puede combinarse con todas las otras técnicas explicadas hasta ahora para así memorizar fácilmente datos más complicados y estadísticas.

Si tiene que manejar gran cantidad de números, el truco consiste en emplear el sistema numérico básico con un poco más de libertad. En la actualidad tenemos una imagen especial para cada uno de los números del 1 al 12, pero podemos aumentar las posibilidades espectacularmente.

En lugar de usar sólo la imagen del número para representar cada dígito, puede destacar otras imágenes relacionadas. Cada imagen básica (pelota, pluma, pato) se convierte en la primera de todo un grupo de ideas temáticas.

El cero es una pelota, pero también puede representarse como un jugador de fútbol, un club de golf o una bolera.

El uno es una pluma; otras posibles asociaciones incluyen un tintero, un pincel o un artista.

He aquí algunas sugerencias para aumentar el resto del sistema.

2: El pato: **avión**, piloto, cohete, cielo, espacio.

3: Las esposas: policía, **prisión**.

4: El velero: mar, **pez**, playa, marinero, surfista.

5: El gancho: **percha**, grúa, tenedor, ascensor.

6. El cañón: **pistola**, bala, armadura, soldado.

7: La lámpara: sol, fuego, cerilla, **linterna**.

8: El muñeco de nieve: nieve, lluvia, hielo, **patinador**.

9: El cucurucho de helado: **caramelos**, almuerzo, cena.

10: La puerta: entrada, valla, **muebles**, carpintero.

11: El tren: conductor, **coche**, carretera, garaje.

12: El reloj: **reloj de bolsillo**, péndulo, agenda, calendario.

Dedique unos minutos a concentrarse en cada uno de los números; llene su mente con la serie de imágenes para cada uno de ellos que se abren ante usted. El sistema funciona de la misma manera que antes. La única diferencia es que debe elegir entre varias imágenes para representar cada dígito.

UNA RAZÓN PARA LA CONEXIÓN

Con la práctica, podrá transformar cualquier dígito o grupo de dígitos en una imagen evocadora. La nueva variedad en el momento de elegir le ofrece también la posibilidad de conseguir que las imágenes sean las adecuadas para el material original. Esto es imprescindible; necesita construir una conexión mental fuerte entre las imágenes creadas por usted y su razón para crearlas. Las imágenes de su mente deben recordarle automáticamente hechos específicos, por lo que debe conocer siempre cómo acceder a las imágenes que necesita para recuperar un determinado fragmento de información.

Por ejemplo, si desea memorizar el dato de que las Naciones Unidas se fundaron en 1945 deberá crear una conexión entre las imágenes creadas por usted para el año y la propia ONU. Puede imaginarse usando un pincel (1) para pintar las siglas «ONU» en una tartera (9), para dársela después a un oficial de la marina (4), que se dirige al ascensor (5) del edificio de la ONU,

CONECTAR IMÁGENES CON LUGARES
Izquierda: es útil localizar sus imágenes en un lugar adecuado como, por ejemplo, un recipiente para lápices o pinceles, ambos posibles representantes del número 1. La localización, por sí misma, puede suministrarle algunos detalles más para utilizarlos en su escenario mental.

en Nueva York. De esta manera, sólo deberá pensar en las Naciones Unidas a fin de despertar la memoria de esta escena y recordar toda la información que necesita; pintar una tartera y dársela a un oficial de la marina en el ascensor le hará recordar los cuatro números: 1945. Con los ojos de su mente, la escena está claramente asociada con el asunto.

REALIZAR CONEXIONES
Inferior; permita que su imaginación elabore la conexión directa entre los números y las imágenes visuales. De esta manera, siempre dispondrá de una vía alternativa para recordar información trivial. La idea de escribir «ONU» en una tartera asocia la información que usted desea recordar con los números del 1 al 9.

EXÁMENES Y PRUEBAS

APRENDA CÓMO OBTENER BUENOS RESULTADOS

SER CAPAZ DE OBTENER BUENOS RESULTADOS EN PRUEBAS Y EXÁMENES
ES VITAL PARA ALCANZAR NUESTRAS AMBICIONES Y SUEÑOS.

EMPEZAR JOVEN

Inferior derecha: es raro encontrar un adulto que disfrute con las pruebas. Por el contrario, los niños pequeños las pueden considerar emocionantes y divertidas. Ofrezca a sus hijos las mejores técnicas y estimule siempre su imaginación, con el fin de que mantengan el gusto ante el reto que representan las pruebas.

Las pruebas aparecen pronto en la educación de un niño y son cada vez más frecuentes hasta su licenciatura. Muchas profesiones y aficiones también requieren de la realización de pruebas de vez en cuando. Con frecuencia, la promoción en el trabajo se basa en el resultado de unos exámenes, al igual que ocurre al ser elegido para participar en algunas actividades sociales y recreativas.

Si es capaz de repasar con eficacia la información, enfrentarse a la difícil situación del examen y responder correctamente, con creatividad y firmeza, incluso bajo presión, disfrutará de gran ventaja en muchos ámbitos de la vida. En ese caso, ¿por qué nadie le ha enseñado cómo hacerlo? A los estudiantes se les repite una y otra vez lo que deben saber y lo que ocurrirá si fallan, pero raramente se les enseña a estudiar. Muchos de nosotros crecemos con un sentimiento de temor respecto a los exámenes y de estar mal preparados para enfrentarnos a ellos. Si se sigue el camino adecuado, los exámenes pueden ser realmente agradables. Nos ofrecen la posibilidad de comprobar el resultado de nuestro trabajo. El proceso de repasar el material que hemos estudiado puede ser divertido e interesante, y el examen, por sí mismo, puede constituir un reto regocijante y no terrorífico.

El primer paso consiste en enfrentarse a los exámenes con la actitud mental correcta. ¿Cuántas veces declara la gente que está a punto de presentarse a un examen que va a fallar? No es de extrañar que los nervios antes del examen constituyan una situación

tan frecuente. ¿Cómo se puede alcanzar el éxito cuando sólo se tienen pensamientos negativos?

Encontrar la motivación

Para cambiar este patrón de pensamiento, examine su motivación. Concéntrese en las posibilidades de un buen resultado más que en las implicaciones del fallo. Quizás, al realizar bien un examen obtenga el acceso a una buena escuela, mejore su sueldo, consiga un puesto en un interesante programa de reciclaje, le permita intentar nuevos objetivos o simplemente le permita pasar un verano sin preocupaciones. Tenga siempre en mente las razones para trabajar con ahínco y concéntrese en los beneficios que el sobreesfuerzo puede reportarle.

La mejor manera de adquirir una total confianza en sí mismo es aprender la materia correctamente. La mayoría de las personas acude al examen con miedo a olvidar, cansado tras una larga noche en vela e inseguro sobre lo que realmente sabe, si es que sabe algo.

Emplee las mejores estrategias de aprendizaje y podrá tener la seguridad de que toda la información que necesite estará a su disposición, con un acceso fácil y útil en el examen. Utilice su entrenada imaginación para visualizarse a sí mismo en estado de calma, en una situación de presión, consiguiendo hacerlo bien y aprovechando todo su potencial.

El ambiente adecuado

Al estudiar, asegúrese de que dispone de un entorno adecuado para el estudio. La habitación no debe ser ni demasiado cálida ni demasiado fría, y usted deberá sentarse en una silla cómoda, pero no tanto como para que le invite a echar una cabezadita. Evite los ruidos que puedan distraerle. La música puede ayudarle, aunque algunas personas necesitan un silencio total.

Haga lo posible para que las interrupciones sean mínimas y dedique unos minutos a concentrar su mente.

Hable consigo mismo
Izquierda e inferior: mejorará su confianza y sensación de bienestar si deja a un lado las palabras negativas cuando habla consigo mismo: odio esto, estoy tan cansado, seguro que fallaré... Imagine la voz de un preparador que le anima a sentirse bien y a sacar lo mejor de sí mismo.

Una valiosa inversión

Antes de empezar a estudiar, asegúrese de que dispone de todo el material que necesita: los apuntes correctos, los libros de texto y revistas. Busque exactamente lo que necesita saber para este examen y compruebe que lo entiende. Si no, sus esfuerzos serán vanos. El tiempo que dedica a prepararse, estudiar y repasar constituye una valiosa inversión.

Calidad, no cantidad

Organice con cuidado el tiempo disponible entre la búsqueda de información y la realización del examen. El estímulo consiste en estudiar el mayor tiempo posible, pero lo importante es la calidad de su aprendizaje. Lo notará si su mente empieza a divagar. Y si esto ocurre, pare, tómese un descanso y vuelva cuando su memoria funcione de nuevo. Estudie en etapas cortas y decida por el método de tanteo cuál es la duración más adecuada de cada sesión.

Sea cual sea la materia que estudie, aplique las estrategias memorísticas básicas. Fragmente la información en puntos individuales, cree imágenes evocadoras para representarlos, conecte, después, esas mismas imágenes unas con otras en historias o en torno a una estructura mental. Si rellena las diferentes estancias con imágenes, puede emplear algunas estructuras para preparar todo un examen. Los nombres, las fechas, las estadísticas y las ideas pasarán a ser todas ellas fáciles de recordar y fijar a un lugar.

Objetos esenciales
Imagen principal: cuanto más organizado sea con sus materias de estudio, más organizado se sentirá en relación a su examen. Lleve un talismán para mejorar su moral.

Por ejemplo, podría dividir la historia en dos secciones más cortas y resaltar algunos de los hechos clave. En una de las secciones el hecho esencial podría ser:

Monte Everest: escalado por primera vez en 1953 por Hillary y Tensing

En una zona de su estructura mental imagine el propio monte Everest. Los dos escaladores podrían encontrarse en su base, observándolo; Hillary, con un «hilo» de voz, diría que pensaba que se trataba sólo de una «colina», mientras que Tensing se pondría en «tensión» ante el proyecto de escalarlo.

Los escaladores utilizan una grúa para izar a un agente de policía por los aires, a fin de que les informe sobre las condiciones climatológicas de la cima. La grúa representa el número 5 y el agente de policía el 3, lo que le recordará que el Everest fue conquistado en 1953.

El tiempo necesario para organizar el material y pensar en las imágenes apropiadas es un tiempo bien empleado. En el examen, todos los hechos y figuras que necesita están a su disposición, y su estado mental es altamente creativo y seguro de sí mismo.

Dar vida a los hechos
Superior: al crear las imágenes mentales, añada todos los detalles reales que le sea posible. Por ejemplo, si tiene la oportunidad de ver fotografías de Hillary y Tensing, puede añadir detalles de su verdadero aspecto. Incluya también sus propias sensaciones: imagine el frío que hacía y cómo debieron sentirse los dos hombres cuando alcanzaron su meta. Se dará cuenta de que las estrategias mnemotécnicas pueden dar vida a la materia que estudia al mismo tiempo que le ayudan a recordar.

ITINERARIOS

DADO QUE EL SISTEMA DE ESTRUCTURAS SE BASA
EN LA REALIZACIÓN DE VIAJES MENTALES, CONSTITUYE
UNA EXCELENTE ESTRATEGIA PARA MEMORIZAR
Y RECORDAR ITINERARIOS.

MARCADORES
MEMORÍSTICOS
Superior izquierda:
las señales de tráfico
utilizan las formas
y los colores con
el fin de hacerlas
más diferenciadas
y fáciles de recordar.

ASUNTOS DE GÉNERO

Las investigaciones sugieren que los hombres y las mujeres
difieren en su manera de recordar los itinerarios. Los hombres
tienden a confiar en el nombre, el número de las carreteras
y en la orientación magnética, mientras que las mujeres
utilizan puntos de referencia y señales evocadoras a lo largo de
la ruta. Desgraciadamente, estos estudios también demuestran
que tanto los hombres como las mujeres olvidan fácilmente los
itinerarios: pierden u olvidan detalles decisivos.

Los itinerarios complicados pueden ser difíciles de recordar
por una serie de razones. Es probable que se den de forma
rápida por alguien que no sabe qué cantidad de información
necesita usted (tanto la escasez como el exceso de información
conducen a la confusión). Quizás, al preguntar por un itinerario
se sienta estresado, ligeramente fuera de control y reticente
para que le repitan toda la información.

El sistema de estructuras funciona bien porque se basa
en un lugar familiar. Las indicaciones sobre una ruta pueden
convertirse también en imágenes mentalmente localizadas
dentro de la estructura memorística. Usted conoce lo
suficientemente bien el viaje mental de su estructura como
para moverse por él casi por instinto y redescubrir las pistas
mnemotécnicas que, con anterioridad, colocó cuidadosamente
ordenadas.

Por ejemplo, imagine que le dan estas indicaciones por teléfono:

«Desde su carril gire a la izquierda y tome el primer desvío a la derecha. Llegue a la cima de la colina, gire a la derecha y pase el concesionario de coches y el centro comercial, gire a la izquierda y pase el aeropuerto. Atraviese el río y verá mi casa cuando tome el primer desvío a la derecha.»

A continuación, tome una estructura familiar —como la oficina— y muévase por ella colocando una pista visual correspondiente a los diferentes puntos de la ruta en cada zona. Vuelva la página para comprobar cómo se hace.

ITINERARIOS

EL PRIMER PASO ES FRAGMENTAR LA INFORMACIÓN EN PUNTOS SEPARADOS:

girar a la izquierda

girar a la derecha

alcanzar la cima de la colina

girar a la derecha

pasar el concesionario de automóviles

pasar el centro comercial

girar a la derecha

pasar el aeropuerto

cruzar el río

girar a la derecha

INTRODUCIR LA INFORMACIÓN: SI ELIGE LA ESTRUCTURA B, LA OFICINA, PARA ESTE EJERCICIO, DEBERÁ VISUALIZAR...

1 LA ENTRADA

Una gran grapadora de metal yace en el lado izquierdo de la puerta de la oficina para recordarle que al dejar su carril debe girar a la izquierda.

2 EL VESTÍBULO

El reloj de la oficina se encuentra en el vestíbulo, en la parte más a la derecha de la estancia; esto le sugerirá que debe girar a la derecha.

3 EL MOSTRADOR DE RECEPCIÓN

La centralita de la recepcionista ha sido colocada en la parte más alta de una gran rampa para avisarle que debe alcanzar la cima de la colina.

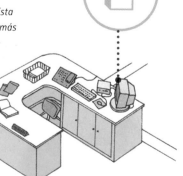

4 EL CUARTO DE LA CORRESPONDENCIA

Sólo la parte derecha de la estancia contiene cartas. Todas las cartas tienen el sello de «importante» para llamar su atención y recordarle, por supuesto, que debe girar a la derecha.

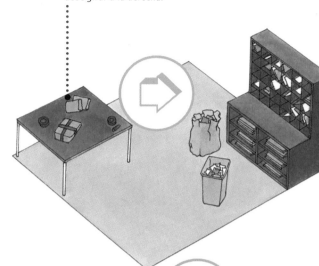

5 SU MESA

Su lugar de trabajo está cubierto de coches de juguete, que le indican que debe pasar el concesionario de automóviles.

6 EL DISPENSADOR DE AGUA

Las bolsas de la compra cuelgan en la parte frontal del dispensador de agua, señalándole que debe pasar el centro comercial.

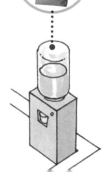

7 EL BAÑO

*Alguien ha dejado caer una cuchilla de afeitar
en la parte izquierda del lavabo. Su naturaleza
escrupulosa le hace recogerla, y esto le recuerda
que debe girar a la izquierda.*

8 LA FOTOCOPIADORA

*Sobre la fotocopiadora descansa
una gorra de piloto y unas gafas
de sol; memorice que debe pasar
el aeropuerto.*

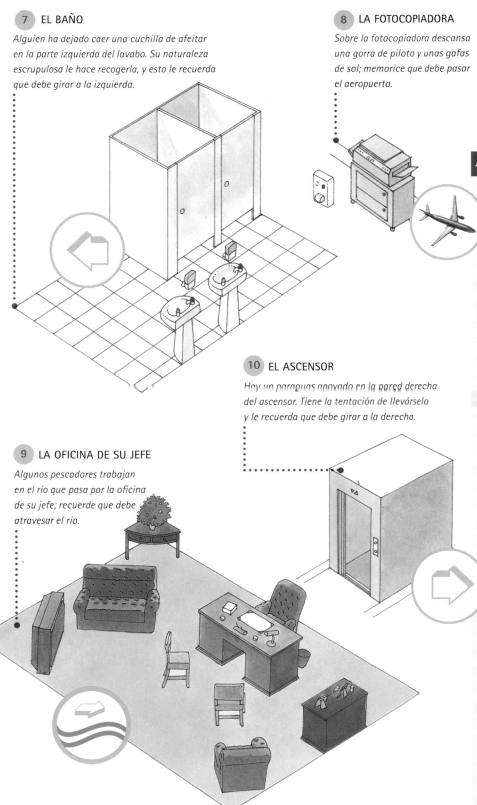

10 EL ASCENSOR

*Hay un paraguas apoyado en la pared derecha
del ascensor. Tiene la tentación de llevárselo
y le recuerda que debe girar a la derecha.*

9 LA OFICINA DE SU JEFE

*Algunos pescadores trabajan
en el río que pasa por la oficina
de su jefe; recuerde que debe
atravesar el río.*

AÑADIR DETALLES

SE PUEDEN AÑADIR FÁCILMENTE
MÁS DETALLES A LA ESTRUCTURA
SI ENCUENTRA, POR EJEMPLO, LOS
NÚMEROS DE LAS CARRETERAS.
ÉSTOS TAMBIÉN SE PUEDEN
TRANSFORMAR EN IMÁGENES E
INTRODUCIRSE EN ALGÚN LUGAR.
IMAGINE DOS PARES DE ESPOSAS
COLGADAS DEL TIRADOR DE UNA
DETERMINADA PUERTA QUE LE
RECUERDAN QUE UNA DE LAS
CARRETERAS DEL VIAJE CORRESPONDE
AL NÚMERO 33. SI VISUALIZA UN
GRAN CAÑÓN COLOCADO ENTRE LAS
CARTAS DEL CUARTO DEL CORREO,
MIENTRAS LA LUZ PARPADEA UNA
Y OTRA VEZ, LE SUGERIRÁ QUE EL
SEGUNDO GIRO LE LLEVA A LA
CARRETERA NÚMERO 67.

QUIZÁ DESEE AÑADIR
ALGUNAS DISTANCIAS A LAS
INSTRUCCIONES BÁSICAS. PIENSE
EN LAS CLAVES VISUALES
CORRESPONDIENTES A LOS NÚMEROS
Y, SEGUIDAMENTE, INCORPORE ESTOS
DATOS DENTRO DE LA HISTORIA
DE CADA HABITACIÓN. CON LAS
INSTRUCCIONES ALMACENADAS BAJO
ESTA EVOCADORA FORMA, PUEDE
SENTIRSE SEGURO DE QUE LLEGARÁ
A SU DESTINO.

IDIOMAS

LAS TÉCNICAS DE ESTE LIBRO LE CAPACITARÁN PARA ORGANIZAR Y TRANSFORMAR LA INFORMACIÓN DE MANERA QUE SEA COMPATIBLE CON EL FUNCIONAMIENTO NATURAL DE SU MENTE Y DE FÁCIL ACCESO. SIN EMBARGO, ESTE PROCESO CONSTITUYE UN FUERTE CONTRASTE CON LA EXPERIENCIA TÍPICA DE APRENDER UN IDIOMA.

MÁS FÁCIL DE LO QUE PARECE
Inferior: la adquisicion de algunos conocimientos sobre otros idiomas le permitirá disfrutar más de sus vacaciones. Empiece con unas cuantas palabras y frases clave, comprenda su origen y aprenda a combinarlas. Convénzase de que no existe un bloqueo con las lenguas extranjeras y antes de lo que cree será una persona bilingüe.

Probablemente, en la escuela no se le enseñó cómo retener el vocabulario nuevo. Incluso aunque aprobara los exámenes, puede que no adquiriera la suficiente confianza en sí mismo como para hablar el idioma. Es posible que todavía recuerde, en la actualidad, algo de ese idioma extranjero, pero la mayor parte parece haberse esfumado de su memoria.

De hecho, las estrategias mnemotécnicas expuestas en este libro constituyen un método ideal para aprender idiomas. En lugar de convertirse en una experiencia interminable, frustrante y que parece no llevar a ningún sitio, el aprendizaje de un idioma puede ser rápido, eficaz y satisfactorio.

EMPEZAR POR EL VOCABULARIO

El truco a la hora de aprender un idioma consiste en memorizar el suficiente vocabulario básico para utilizarlo durante las vacaciones, o los viajes de trabajo, así como durante las clases. En esta fase, cuando aprende palabras en el contexto de la vida real, su capacidad para absorber el vocabulario extranjero aumenta enormemente.

Por desgracia, muchos de nosotros nos quedamos en la cuneta antes de alcanzar este punto. Simplemente asumimos que el aprendizaje de un idioma está fuera de nuestro alcance.

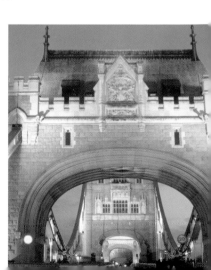

SABE MÁS DE LO QUE CREE
*Izquierda: quedará sorprendido
de la cantidad de palabras que conoce,
o puede adivinar, de otros idiomas.
Actualmente, posee una base para
aprender un nuevo idioma, ya que
muchas lenguas tienen la misma raíz,
con lo que pueden relacionarse
fácilmente entre ellas. Estos ejemplos
demuestran palabras internacionales
familiares a varios idiomas.*

SÁNDWICH
Danés: sandwich
Inglés: sandwich
Español: sándwich

TENIS
Francés: le tennis
Inglés: tennis
Español: tenis

RADIO
Francés: la radio
Inglés: the radio
Español: la radio

Su imaginación es el secreto para aprender el vocabulario. Todo lo que necesita hacer es crear una imagen para cada palabra, con los suficientes detalles para que le indiquen todo lo que precisa saber.

Elija una localización mental de estas imágenes para cada idioma, quizás un edificio que conozca.

El primer paso consiste en visualizar la palabra en su localización. Por ejemplo, si aprende la palabra extranjera que designa a un árbol podría visualizarla en un parque; la palabra «puerta» podría localizarla ante la puerta de una tienda. Añada a su imagen algunos detalles que la hagan fácil de recordar.

PALABRAS QUE NO CAMBIAN EN OTROS IDIOMAS

Incluso antes de empezar a estudiar un nuevo idioma, conoce una sorprendente cantidad de vocabulario, porque muchos idiomas derivan de la misma lengua antigua (como el latín o el gaélico). Cuando se enfrente a una palabra que no cambia, imagine con los ojos de su mente que ésta se vuelve transparente. Quizás, esté hecha de cristal o pueda verla a través de los rayos X. Si vuelve a su estructura mental y encuentra una de estas imágenes transparentes, sabrá que la palabra extranjera es la misma que usted conoce en su idioma.

PALABRAS QUE NECESITAN UNA CONEXIÓN QUE LAS DISTINGA

Algunas palabras extranjeras se encuentran a un paso de las de su propia lengua. Si es capaz de crear una conexión, puede combinarla con la imagen original y contará con una poderosa clave mnemotécnica.

Por ejemplo, la palabra inglesa para «finalizado» es *finished*, fácil de recordar si piensa en la palabra de conexión «finishado».

En cuanto piense en la palabra «finalizado», recordará su versión «con terminación inglesa», que evocará la verdadera palabra inglesa «finished». Esté siempre atento a estas posibles palabras clave que sirven de puente.

PALABRAS DEL MUNDO

HISTORIA INTERESANTE	POPULARIDAD UNIVERSAL	SIGNIFICADO FÍSICO
Superior: tanto la palabra inglesa pants *como la palabra española* pantalón *provienen de la palabra italiana* pantaleone, *un personaje de las comedias clásicas italianas.*	*Superior: el café es una bebida internacional y tiene el mismo nombre en numerosos idiomas.*	*Superior: la forma universal del lenguaje por signos; el semáforo, por ejemplo, se utiliza en muchas lenguas europeas para designar las luces de tráfico.*

CREAR CONEXIÓN ENTRE LAS PALABRAS

Si no existe una conexión obvia entre las palabras, es preciso crear una. ¿Cómo suena o qué aspecto tiene la palabra extranjera? La técnica es similar a la empleada para recordar los nombres, expuesta en las páginas 86-89. Busque asociaciones con la palabra o concéntrese en la parte de ésta que le sugiere una imagen. Relacione entonces esa imagen con la original fijada en su localización.

Por ejemplo, la palabra alemana para «rojo» es *rot*. Si es usted castellano parlante puede imaginar un gran capote rojo con un gran «roto». Cree una conexión fácil de recordar y, cada vez que piense en el color rojo, le vendrá a la mente la imagen del capote «roto» y recordará la palabra *rot*.

La palabra inglesa para «mesa» es *table*. De nuevo, si está intentando recordar la palabra, como castellano parlante puede imaginar a una familia preparando una mesa, en el jardín, con una tabla sobre dos caballetes. He aquí algunas conexiones entre el castellano y otras lenguas:

FRANCÉS: la palabra para «pato» es *canard*; imagine un grupo de patos que sobrevuelan las islas Canarias.

ALEMÁN: la palabra para «boca» es *Mund*; piense en una bola del mundo sobre la que alguien ha pintado una boca sonriente.

INGLÉS: la palabra para «guante» es *glove*; imagine unos guantes de goma hinchados como globos, atados a un cordel y que se mueven en el aire a merced del viento.

Algunos idiomas tienen palabras que precisan de la asignación de un género. Para recordar el género, añada, simplemente, otro detalle a la imagen visualizada: como un determinado color u olor para todas las imágenes masculinas, o para las femeninas un símbolo o un sonido que despierte nuestra memoria. Cree sus propios detalles y pronto tendrá una estructura mental llena de imágenes que le indicarán con exactitud todo lo que necesita saber sobre todas las palabras de un determinado idioma.

CULTURA GENERAL

TANTO SI SE TRATA DE UN EXAMEN, DE UN JUEGO O DE UN
INTERÉS PERSONAL, ES ÚTIL SER CAPAZ DE TRANSFORMAR
LA INFORMACIÓN EN PATRONES DE IMÁGENES EVOCADORAS.
ESTAS PÁGINAS LE ENSEÑARÁN CÓMO HACERLO.

Siga las instrucciones y utilice su imaginación para aprender la estructura de nuestro
sistema solar.

En este ejemplo, utilizaremos la estructura A —la casa— para recordar los planetas
en relación a su distancia respecto al Sol. Incluimos el Sol en la lista para enfatizar su
lugar en el centro de nuestro universo.

| 1 Sol | 2 Mercurio | 3 Venus | 4 Tierra | 5 Marte |

| 6 Júpiter | 7 Saturno | 8 Urano | 9 Neptuno | 10 Plutón |

El primer paso es asignar una
pista visual a cada dato de la
lista.

1 Sol: el propio astro ardiente.

2 Mercurio: un termómetro
de mercurio.

3 Venus: la diosa del amor,
representada, por ejemplo,
por corazones.

4 Tierra: un montón de tierra.

5 Marte: el dios de la guerra;
imagine soldados y batallas.

6 Júpiter: el planeta más grande;
piense en una enorme «J».

7 Saturno: suena parecido
a Satán.

8 Urano: uranio candente.

9 Neptuno: dios del mar; imagine
barcos en el océano.

10 Plutón: el planeta más
pequeño; visualice una
«p» diminuta.

Seguidamente, visualice cada imagen colocada dentro de la estructura:

1 LA ENTRADA

Imagine: el sol brilla en la puerta de entrada y calienta la radiante aldaba.

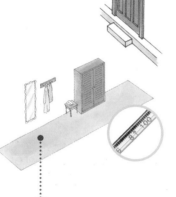

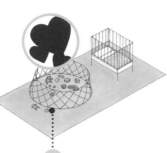

3 EL CUARTO DE LOS NIÑOS

El cuarto de los niños está cubierto por románticos corazones de papel depositados allí por Venus.

2 EL RECIBIDOR

Un enorme termómetro de mercurio se encuentra colgado en la pared del recibidor y muestra la temperatura de la estancia.

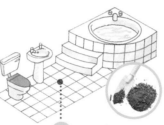

4 EL BAÑO

Han dispersado una capa de tierra arcillosa por todo el suelo del baño que ha estropeado los preparativos de su gran noche.

5 EL DORMITORIO

Hay una gran batalla, vigilada de cerca por Marte, por toda la habitación.

PRACTIQUE

VUELVA A LA ESTRUCTURA EN SU MENTE Y PRACTIQUE CON EL RECUERDO DE LAS CLAVES DE LAS IMÁGENES. PRONTO SABRÁ LA INFORMACIÓN Y LOS DETALLES DE MEMORIA.

6 LA SALA DE ESTAR

Una enorme letra J ha irrumpido, empujada por Júpiter, a través del techo de la sala de estar.

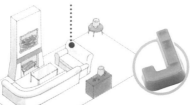

7 EL COMEDOR

Satán (de sonido similar a Saturno) ha clavado su ardiente horca en la antigua mesa del comedor, lo que ha estropeado la superficie de madera.

8 LA COCINA

Descubren uranio (de sonido similar a Urano) bajo el fregadero de la cocina.

9 EL ESTUDIO

Las cañerías de agua han reventado bajo el suelo del estudio, el cual se ha inundado para regocijo de Neptuno.

10 LA TERRAZA

Una de las macetas de la terraza contiene una diminuta letra p, de Plutón.

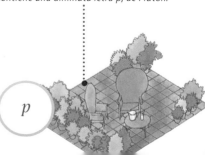

p

QUINTA PRUEBA DE PROGRESO

¿QUIÉN ES?

EL RETO CONSISTE EN RECORDAR A LAS SIGUIENTES PERSONAS:

1. JUAN SATRE Un músico al que le gusta jugar al hockey.	**2.** MARÍA SIGÜENZA Una niñera que tiene dos perros y adora ir de compras.	**3.** TOMÁS MILÁN Un comercial con una mujer llamada Natalia.	**4.** LILY CHUNG Artista y entusiasta usuaria de Internet.	**5.** CARLOS GÓMEZ Un diseñador que pasa sus vacaciones en Málaga.

INTENTE RECORDAR LO MÁXIMO POSIBLE DE CADA UNA DE ESTAS CINCO PERSONAS. VUELVA LA PÁGINA PARA EVALUARSE USTED MISMO.

¿HACIA DÓNDE VAMOS AHORA?

UTILICE UNA ESTRUCTURA MEMORÍSTICA PARA APRENDER EL SIGUIENTE BLOQUE DE INDICACIONES. TAN PRONTO COMO SIENTA LA SEGURIDAD DE QUE SABE TODOS LOS DATOS, VUELVA LA PÁGINA PARA COMPROBARLO.

«Deje el garaje por la puerta norte y gire a la izquierda hacia la carretera 25. Continúe hasta pasar la iglesia. Gire a la izquierda y conduzca unos dos kilómetros. En el cruce, gire a la izquierda y, después, a la derecha, y allí nos encontraremos, en la gasolinera.»

MEMORIZAR PERSONAS

HE AQUÍ UNA LISTA DE LOS PRESIDENTES DE ESTADOS UNIDOS DESDE LA SEGUNDA GUERRA MUNDIAL. ELIJA UNA ESTRUCTURA FAMILIAR Y CREE UNA PISTA VISUAL. FIJE LOS NOMBRES DEL MODO MÁS EVOCADOR QUE PUEDA.

Truman	Ford
Eisenhower	Carter
Kennedy	Reagan
Johnson	Bush
Nixon	Clinton

¿CÓMO LO HA HECHO?

¿QUIÉN ES?

1	2	3	4	5

¿HACIA DÓNDE VAMOS AHORA?

VEA SI ES CAPAZ DE RECITAR O ESCRIBIR LA SERIE DE INDICACIONES. USE LOS ESTÍMULOS MENTALES PARA AYUDARLE A RECORDAR.

MEMORIZAR PERSONAS

CON LA AYUDA DE SU ESTRUCTURA MENTAL, RECITE LOS NOMBRES DE LOS PRESIDENTES EN EL ORDEN CORRECTO.

RESUMEN

SER CAPAZ DE ASOCIAR UN NOMBRE A UNA CARA ES UNA
TÉCNICA IMPORTANTE EN LA VIDA SOCIAL Y LABORAL. PARA
SORTEAR EL EMBARAZO DE OLVIDAR QUIÉN ES QUIÉN, PONGA
TODO SU EMPEÑO EN HACER UN IMPRESIONANTE USO DE LA
MEMORIA.

SIGA ESTOS PASOS para mejorar su memoria en las situaciones sociales. Cualquier información puede transformarse en
material compatible con el funcionamiento de su memoria.

- Recuerde el nombre de una persona a través de una imagen
  mental que le sugiera su nombre, con la exageración de la imagen o la creación de cualquier otro tipo de nexo que conecte
  la imaginación con la persona.

- Cree «fichas mentales» que usen las imágenes de los números
  para anotar fechas importantes, como los cumpleaños y los
  aniversarios. Cualquier información puede convertirse en una
  sencilla lista memorizable con el uso de las técnicas aprendi-
  das hasta el momento.

- Utilice su imaginación para asimilar un nuevo idioma: haga
  hincapié en las similitudes entre las palabras extranjeras y sus
  definiciones. Si parece no existir conexión entre la palabra
  extranjera y su traducción, cree una asociación: elija algo que
  suene parecido y haga la conexión con su significado real.

APLICACIONES AVANZADAS

LAS TÉCNICAS DE MEMORIA PUEDEN UTILI-
ZARSE EN CUALQUIER ÁMBITO DE LA VIDA.
CON SUS ESTRUCTURAS MEMORÍSTICAS
RECIÉN ADQUIRIDAS, BASADAS EN LUGARES
REALES O DE FANTASÍA, USTED PUEDE RESOL-
VER MENTALMENTE CUALQUIER NUEVO RETO
Y RECUPERAR LA INFORMACIÓN CON FUERZA Y
CONFIANZA CUANDO SEA NECESARIO. ASI-
MISMO, PUEDE CREAR «ZONAS VIRTUALES DE
PRÁCTICA» DONDE ENSAYAR SU ÉXITO HAS-
TA QUE LAS ÚNICAS IMÁGENES Y EMOCIONES
QUE QUEDEN EN SU MENTE SEAN POSITIVAS E
INSPIRADORAS.

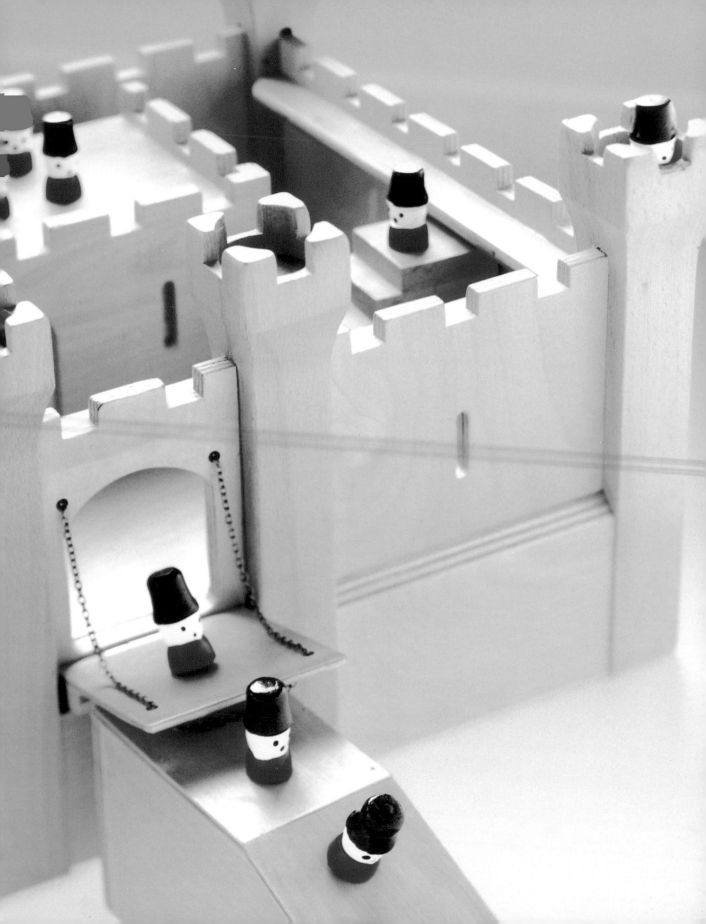

BUENA ORGANIZACIÓN

COMO HEMOS DEMOSTRADO, LAS ESTRATEGIAS MEMORÍSTICAS EXPUESTAS EN ESTE LIBRO PUEDEN APLICARSE A CUALQUIER RETO MENTAL. EN ESTE CAPÍTULO SE EXPONEN ALGUNAS TÉCNICAS MÁS ESPECÍFICAS Y SE DESTACAN, TAMBIÉN, ALGUNOS DE LOS ÁMBITOS MENOS EVIDENTES EN LOS QUE PUEDE SER ÚTIL UNA MEMORIA PODEROSA.

Lo esencial de cualquier buena técnica de memoria es una buena organización. La información debe ser simplificada, clasificada y organizada en esquemas manejables. Siempre que practique este tipo de razonamiento verá aumentada su capacidad de priorizar la información y de afrontar cualquier situación de un modo sosegado.

Así, por ejemplo, puede hacer desaparecer todo el estrés que siente al prepararse para ir de vacaciones. Las estrategias de memoria le ayudarán a planificar las tareas que debe realizar: recordar exactamente qué llevar al aeropuerto y no olvidar los detalles del vuelo ni la información del hotel. Más adelante, al final de las vacaciones, podrá asegurarse de que tanto usted como sus pertenencias regresan sanos y salvos al hogar.

CREACIÓN DE SISTEMAS EFECTIVOS

Practique la puesta en marcha de las técnicas con esta lista de tareas para las vacaciones.

ANTES DE SALIR:

Cancelar la suscripción del periódico; hablar con los vecinos; llevar el perro a la residencia canina.

COSAS QUE DEBO COMPRAR:

Protector solar; repelente de insectos; carretes de fotografía.

OBJETOS PARA LLEVAR EN EL EQUIPAJE DE MANO:

Pasaporte; billetes; dinero; cámara fotográfica.

OBJETOS ESPECIALES PARA LA MALETA:

Protector solar; repelente de insectos; guías turísticas; traje de baño.

DETALLES DEL VUELO:

Salida: Pan Am vuelo 219, salida prevista a las 14.30 horas.

Regreso: Pan Am vuelo 220, regreso a las 10.45 horas.

INFORMACIÓN DEL HOTEL:

Las Palmeras, Paseo Marítimo.

OTROS DETALLES

Es importante organizar esta información de forma tal que quede espacio mental para algunos detalles más:

Aparcamiento en el aeropuerto.

Número de la habitación del hotel.

Combinación de la caja fuerte en la habitación del hotel.

Para ello, dejará vacías algunas zonas de su estructura memorística, preparadas para llenarlas con imágenes clave una vez disponga de la información.

CREACIÓN DE SISTEMAS

Derecha e izquierda: son necesarias tanto la organización como las técnicas creativas para manejar de forma eficaz los sistemas de memoria. Este tipo de sistemas pueden utilizarse con gran eficacia al planificar las vacaciones de verano.

ESTRUCTURA D: EL CASTILLO

EN LAS DOS SIGUIENTES PÁGINAS, OTRA ESTRUCTURA DE MEMORIA DEMUESTRA CÓMO SE PUEDE MEMORIZAR LA LISTA DE VIAJE DE FORMA MÁS RÁPIDA Y PRÁCTICA. LA ESTRUCTURA D, EL CASTILLO, ESTÁ FORMADA POR LAS SIGUIENTES DIEZ ZONAS, BASADAS EN UN LUGAR DE FANTASÍA.

10 LOS ESTABLOS

En estos antiguos edificios de piedra se alimenta y cuida a los caballos y asnos. En ocasiones, se sacan de los confines del castillo para que pasten en los campos de los alrededores.

1 EL CAMINO HACIA EL CASTILLO

¿Qué detalles podemos imaginar aquí? El polvoriento camino, bien marcado por los caballos, los carros, los soldados y los comerciantes.

2 LA PUERTA Y EL PUENTE LEVADIZO

Esta imponente entrada al castillo constituye un núcleo de actividad. Las noticias públicas se enganchan en la puerta y el puente levadizo se baja o sube según las órdenes.

3 EL FOSO

El foso tiene una función de barrera defensiva fuera de las murallas del castillo. Puede contener unos cuantos patos y peces, además de varios objetos que han caído al agua.

4 LA TORRE DE VIGILANCIA

Aquí es donde, día y noche, los soldados del castillo mantienen la vigilancia para detectar a los ejércitos enemigos.

9 LA TORRE MÁS ALTA

La torre más alta del reino; este lugar estratégico presenta una brillante bandera con un escudo.

VISUALICE LAS ZONAS

COMO SIEMPRE, DEDIQUE UN PAR DE MINUTOS A ESTUDIAR LA ESTRUCTURA Y VISUALIZAR MENTALMENTE SUS ZONAS. PRACTIQUE DANDO UN PASEO MENTAL DESDE EL CAMINO HASTA LAS TORRES Y REGRESE; AÑADA ALGÚN DETALLE DE SU PROPIA COSECHA EN CADA UNA DE LAS ZONAS RECORRIDAS.

8 EL BALCÓN DE LA CORTE

La realeza y otros nobles aparecen regularmente en este balcón para saludar a sus fieles súbditos.

7 LA TORRE DE FANFARRIA

Los grandes anuncios se realizan desde esta torre, acompañados de una intensa fanfarria que tocan los músicos de la corte.

6 LAS MURALLAS DEFENSIVAS

Las murallas defensivas son muy altas y prácticamente indestructibles. En ocasiones, los habitantes del castillo compiten en trepar y bajar la muralla con una cuerda.

5 EL MERCADO

En este lugar se llevan diariamente a cabo un gran número de actividades. Los habitantes del castillo compran todo tipo de mercancías; las venden comerciantes vivaces que las anuncian a grandes voces.

INTRODUCIR LA INFORMACIÓN: PRACTIQUE CON ESTA RUTA PARA ORGANIZAR SUS VACACIONES. LLENE CADA ZONA CON PISTAS VISUALES EVOCADORAS Y ORGANIZADAS. POR EJEMPLO, INTRODUZCA LOS AVISOS DE LAS COSAS QUE DEBE COMPRAR ANTES DE INICIAR SU VIAJE EN UNA ZONA Y LOS DE LA INFORMACIÓN DEL HOTEL EN OTRA.

1 EL CAMINO HACIA EL CASTILLO

Antes de salir: en el camino, se encuentra un gran tablero de anuncios cubierto de direcciones del trabajo. Un antiguo periódico vuela en dirección a la puerta. Se da cuenta de que en la primera página hay una fotografía de su vecino. Ha sido visto cuando robaba el perro.

3 EL FOSO

Objetos para llevar en el equipaje de mano: una antigua señal flota en el foso y, en ella, aparece pintado un equipaje de mano. En la orilla del foso hay una máquina expendedora de pasaportes. Se dirige hacia ella para fotografiarla, pero, en su lugar, la máquina expide billetes de avión. Frustrado, descarga sus puños contra la máquina. Aparece un reportero que fotografía el suceso.

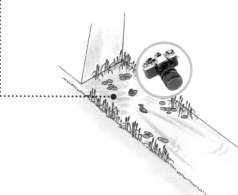

2 LA PUERTA Y EL PUENTE LEVADIZO

Cosas que debo comprar: en el puente levadizo hay una fila de bolsas de la compra. Cuando camina hacia ellas, observa que alguien ha embadurnado el entarimado del puente levadizo con crema solar, que atrae a los insectos. Los aplasta con su carrete fotográfico.

4 LA TORRE DE VIGILANCIA

Objetos especiales para la maleta: observa desde la torre y ve su equipaje disperso alrededor del castillo. Baja corriendo y abre una de las bolsas que está llena de crema solar derramada. El mismo enjambre de insectos se reúne alrededor del pegajoso desorden. Esta vez, utiliza sus guías turísticas para aplastarlos. Después, para asegurarse de que se ha librado de ellos, se pone su traje de baño y se introduce en el foso para nadar un poco.

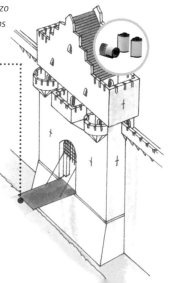

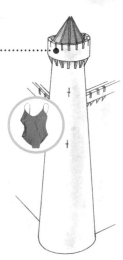

5 EL MERCADO

Salida del avión: un avión ha aterrizado en el mercado. Los patos (2) corretean alrededor del reloj, y uno de ellos empieza a pintar (1) un cucurucho de helado (9). La pintura salpica a uno de ellos (2), el cual llama a los agentes de policía (3) que juegan a balonvolea (0) con los pasajeros del avión.

8 EL BALCÓN DE LA CORTE

Información del hotel: los sirvientes deciden alegrar el balcón de la corte con palmeras tropicales y un mural marítimo colgado en el lateral.

10 LOS ESTABLOS

Combinación de seguridad: si utiliza la caja de seguridad de su habitación, puede emplear los establos para guardar las imágenes numéricas de la combinación.

6 LAS MURALLAS DEFENSIVAS

Vuelo de regreso: el piloto (2) y el copiloto (2) escalan las murallas para pedir ayuda. Matan el tiempo jugando a béisbol (0), después escriben (1) un mensaje de SOS en la pelota (0). La echan al foso y queda enganchada en un anzuelo (5).

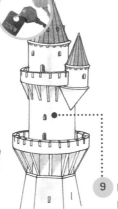

9 LA TORRE MÁS ALTA

Número de la habitación: la torre está vacía, preparada para introducir las pistas visuales cuando conozca el número de su habitación.

UNA VERDADERA RETROSPECTIVA

LLENA DE IMÁGENES E HISTORIAS EVOCADORAS, ESTA VERSÁTIL ESTRUCTURA PERMITE CONTROLAR TODA LA PLANIFICACIÓN DE LAS VACACIONES Y OFRECE LA OPORTUNIDAD DE AÑADIR MÁS INFORMACIÓN. NOS HARÁ SENTIR ORGANIZADOS Y SEGUROS DESDE EL INSTANTE EN QUE CANCELEMOS LA SUSCRIPCIÓN DEL PERIÓDICO HASTA EL MOMENTO DE REGRESAR A CASA.

7 LA TORRE DE FANFARRIA

Detalles del aparcamiento: la torre de fanfarria está vacía. Puede utilizar esta zona para colocar las imágenes que le recuerden dónde aparcó el coche.

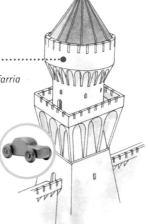

HABLAR DE MEMORIA

CIERTOS INVESTIGADORES DESCUBRIERON EN UN ESTUDIO QUE LA MAYOR PARTE DE NOSOTROS TENEMOS MÁS MIEDO A HABLAR EN PÚBLICO QUE A MORIR. SEGÚN ESTO, EN UN FUNERAL LA MAYORÍA PREFERIRÍA YACER EN EL ATAÚD ANTES QUE HABLAR.

ANTE LA OPINIÓN PÚBLICA
Imagen principal: no se preocupe si su cabeza está llena de imágenes mentales negativas respecto a hablar en público. Puede utilizar su imaginación para modificar la experiencia con una visión más positiva.

¿Por qué sentimos ese terror a hablar ante un público? Probablemente se debe a que estamos inseguros con relación a lo que vamos a decir, ya que a la mayoría de nosotros sólo se nos pide que hablemos sobre cosas que conocemos bien. Incluso cuando debemos realizar una presentación o una investigación, no es el trabajo previo el que nos inspira pavor, sino el hecho en sí de presentarlo, es decir, recordar qué decir en una situación de estrés.

Tenemos miedo de que nuestra mente se quede completamente en blanco al enfrentarnos al público. Tenemos miedo de que nos pregunten y olvidemos todas las respuestas. Tenemos miedo de lo que pensará la gente si demostramos estar nerviosos y fuera de control. Y, naturalmente, cuanto más nerviosos estamos, con más facilidad falla nuestra memoria. Mucha gente daría lo que fuera por librarse de dar una charla. Pero, ¿qué hay de los pocos que semejan no tener miedo, cuya memoria permanece firme incluso bajo presión? Todos podemos citar algunas personas que parecen crecerse ante la opinión pública, dando amenas charlas, presentaciones y entrevistas de memoria. Utilizan una técnica que se basa en una serie de factores clave:

1 CONTACTO VISUAL
Un orador que lee sus notas y mira hacia abajo todo el tiempo nunca se enfrenta al público cara a cara. Como resultado da la sensación de que ha realizado un trabajo de preparación mediocre, lo que con frecuencia dista mucho de la realidad. Probablemente, se pone cada vez más nervioso al evitar mirar al público e ignorar cómo reacciona. Un orador de este tipo difícilmente se sentirá cómodo con sus oyentes o causará una impresión positiva.

2 Comprensión

Cuando leemos las notas, todo resulta demasiado fácil como para dejar que la mente se inspire. Por el contrario, cuando hablamos de memoria, utilizamos imágenes para recordar los puntos principales, de manera que pensamos constantemente en el significado e importancia de cada parte de nuestra charla. La creación del viaje mental nos permite concentrarnos en nuestros pensamientos y dar una imagen de persona bien preparada y de experto orador.

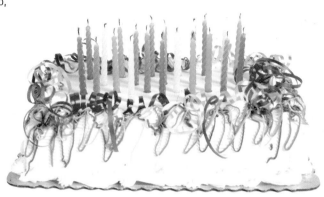

3 Alteraciones

Cuando empleamos las técnicas de imágenes de este libro para hablar de memoria, lo que decimos no es un texto estrictamente fijo. Conocemos todos los puntos clave en el orden adecuado, pero también tenemos el poder de cambiar todo lo que queramos. Podemos añadir nuevos detalles, incluir sugerencias del público, o alterar la secuencia, de modo que podemos mejorar la presentación y mantenerla viva.

4 Control del tiempo

Cuando usamos una estructura memorística para preparar una presentación disponemos de una buena arma para distribuir el tiempo a lo largo de la charla. Puede decidir sobre si acelera o disminuye el ritmo, según las exigencias de la ocasión, siempre con la seguridad de acabar en el momento adecuado y diciendo todo lo que quería decir.

5 Confianza

Cuando la memoria es firme, no necesitamos cargar con apuntes o fichas. Podemos confiar en que tendremos a mano toda la información que necesitemos. Así pues, podemos hablar con fluidez y conocimiento, impresionar a los demás con nuestro evidente interés e inteligencia y manejar un cierto número de cuestiones sorprendentes, comentarios o retos.

CELEBRACIONES FESTIVAS
Superior: los cumpleaños y los aniversarios son momentos en los que pueden pedirnos que hablemos en público. Las técnicas de memoria nos inspirarán confianza en lugar de terror.

PRONUNCIAR UN DISCURSO MEMORIZADO

A LA HORA DE PREPARAR Y PRONUNCIAR UN DISCURSO
DE MEMORIA SÓLO DEBEN SEGUIRSE CINCO PASOS:

PRIMER PASO

Decidir qué queremos decir. Anote algunos puntos generales y añada después más detalles. Juegue con la estructura hasta que esté clara y organizada.

SEGUNDO PASO

Extraiga los puntos clave. Destaque los ámbitos principales de su presentación. Divídala en capítulos o secciones como un libro.

TERCER PASO

Diseñe imágenes clave. Tiene que elegir una imagen que represente cada ámbito de su charla. ¿Cómo se ilustraría en un libro cada uno de los puntos? Fabrique imágenes tan evocadoras como le sea posible.

CUARTO PASO

Decore su estructura de memoria. Es importante elegir una con la que se sienta cómodo, ya que la visualizará de modo automático cuando hable de memoria, y se mueva instintivamente de una zona a otra a medida que progrese. Una vez haya decidido la estructura que utilizará, fije una imagen clave en cada una de ellas. Debe dedicar cada zona a un aspecto determinado de su charla.

QUINTO PASO

Añada más detalles. Cuando las imágenes básicas estén colocadas en la estructura puede añadir otras imágenes suplementarias. Algunas zonas no precisarán más que las imágenes clave, pero otras requerirán un gran número de imágenes suplementarias para recordarle números, nombres, hechos y datos.

USTED ES UNA ESTRELLA
Imagen principal: aunque no todo el mundo tiene la oportunidad de recibir un Óscar, la mayoría de las personas se encuentran en alguna ocasión ante la necesidad de pronunciar un discurso de memoria. Sea cual sea la ocasión, la preparación de los cinco pasos le permitirá disfrutar del momento y de una sensación de éxito.

Reto en la oficina

Por ejemplo, el jefe de una compañía puede verse en la situación de tener que hacer una presentación sobre el estado actual de los negocios, además de los planes de futuro. Al perfilar la charla, sus primeras ideas pueden incluir: finanzas, preparación, incentivos y objetivos.

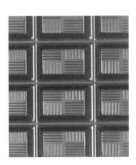

La imagen para FINANZAS es un montón de sacas de dinero que llenan la primera zona de una estructura memorística.

Los muebles de la segunda zona están cubiertos por cronómetros y equipos de deporte que simbolizan la PREPARACIÓN.

En el caso de los INCENTIVOS, la imagen es una deliciosa barra de chocolate.

Los OBJETIVOS se representan mediante una diana de dardos.

Digamos que la figura clave de la sección de las finanzas es 1,3 millones. Como conexión visual a este número, el jefe podría imaginarse pintando (1) algunas esposas (3) en una pared de la primera zona de la estructura. Cada zona podría decorarse de esta manera: una imagen básica rodeada de recordatorios constituidos por detalles asociados.

Habitúese a hablar de memoria, y su capacidad como comunicador mejorará de forma importante. Dispondrá de la información que precise para impartir charlas, dirigir reuniones o dar entrevistas allá donde vaya y sea cual sea la longitud del discurso. Con el tiempo, aprenderá a aprovechar cualquier oportunidad que se le presente para demostrar su capacidad mental.

Adaptación de imágenes numéricas

Derecha: la adaptación de imágenes numéricas es una técnica clave para recordar figuras. El concepto de pintura es ideal para el número uno, ya que es como una referencia visual del número.

PREPARACIÓN TOTAL

ADEMÁS DE MEMORIZAR TODA LA INFORMACIÓN IMPORTANTE, TAMBIÉN NECESITA
UTILIZAR SU IMAGINACIÓN PARA ALCANZAR EL CORRECTO ESTADO MENTAL
A LA HORA DE ENFRENTARSE CON ÉXITO A CUALQUIER RETO. PUEDE USAR
LAS IMÁGENES MENTALES PARA RELAJARSE, CONCENTRARSE EN LA TAREA
QUE LE OCUPA Y ENUMERAR LOS ELEMENTOS CLAVE ANTES DE ABORDARLOS
EN UNA SITUACIÓN REAL.

HECHOS CLAVE
*Superior e inferior: destacar detalles,
tales como fechas y horas, prepara por
adelantado toda la información que
necesita para su reto intelectual, tanto
si se trata de un divertido concurso
televisivo sobre deportes como de otras
pruebas de cultura general.*

Imagine que ha sido escogido como concursante en un
programa de televisión. Debe recordar la siguiente información
práctica:

1 Fecha de grabación: 21 de febrero
2 Hora de encuentro en los estudios: 16.00 horas
  (las cuatro de la tarde)
3 Dirección de los estudios: calle de la Rosa
4 Nombre de la persona que le recibirá: Ricardo Martínez

Los conocimientos que necesitará para cada fase son:

5 Primera fase: cultura general
6 Segunda fase: primer tema especializado (béisbol)
7 Tercera fase: tema especializado (historia del cine)

Asimismo, debe pensar en quedar bien por televisión,
concentrándose en recordar:

8 Hablar claro, despacio y con seguridad

Toda esta información puede convertirse en pistas visuales e incluirse en una estructura mental. Dos zonas suplementarias, especialmente diseñadas, harán que la estructura sea útil; una zona que le recuerde su motivación para concursar y otra que le ayude a relajarse y concentrar su mente.

LA ZONA DE MOTIVACIÓN

La zona de motivación podría llenarse con imágenes de los premios en juego, que le mantengan presente el motivo por el que realiza este esfuerzo. Esta estancia también puede contener imágenes relacionadas con otros beneficios si desempeña un buen papel, incluido el orgullo de su familia, la admiración de sus amigos y su propia sensación de éxito.

LA ZONA DE RELAJACIÓN

La zona de relajación debería ser una versión del lugar que usted ha elegido en la página 43 que le ayude a calmarse y concentrar su pensamiento. Colocarlo en el interior de esta estructura le ofrecerá un valioso refugio junto al almacén de información.

Con la estructura A: la casa (*véanse* páginas 56-57), las siguientes páginas le demostrarán cómo una sola estructura puede adaptarse y ayudarle a prepararse para los diferentes elementos de este reto.

EL CUBO DE RUBIK
Imagen principal: el cubo de Rubik revolucionó el mundo como un nuevo y emocionante rompecabezas. Aquellos que lo resolvieron (generalmente niños que competían contrarreloj) utilizaron los colores, cuadrados y planos del cubo para construir y recordar los movimientos necesarios.

EL ESTUDIO DE TELEVISIÓN EN CASA

ESTRUCTURA A: LA CASA, UTILIZADA EN ESTE CASO
PARA RECORDAR LA INFORMACIÓN PRÁCTICA, LOS
CONOCIMIENTOS Y LOS REQUISITOS PARA QUEDAR BIEN,
EXPUESTOS EN LA PÁGINA **122**.

1 LA ENTRADA

*Puede convertir la fecha (21/2) en
un pato (2) que escribe con afán (1)
cerca de otro pato (2); ambas aves
aparecen sentadas en el escalón
de entrada. El primer pato escribe
en su diario para recordarle
que las imágenes de esta zona
representan la fecha.*

4 EL COMEDOR

*Un investigador está sentado a la mesa, y usted
se sorprende al ver que se trata de Richard Gere,
que toma un cóctel.*

5 LA COCINA

*Por toda la cocina, en el horno, el fregadero
e incluso dentro de la tostadora, se encuentran
almacenados enciclopedias y libros de cultura
general.*

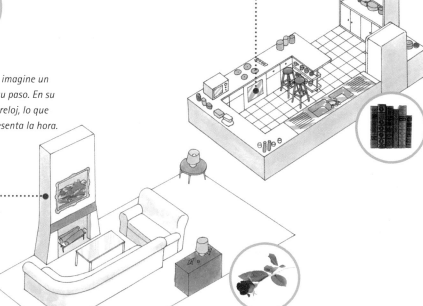

2 EL RECIBIDOR

*Para indicar la hora, las cuatro, imagine un
enorme barco (4) que bloquea su paso. En su
vela hay pintada una esfera de reloj, lo que
le recuerda que la imagen representa la hora.*

3 LA SALA DE ESTAR

*Esta estancia está llena de rosas. En la
pared hay un cuadro del estudio que va
a visitar, y las rosas crecen a su alrededor.
Recuerde esta imagen para pensar en la
calle de la Rosa: la dirección del estudio.*

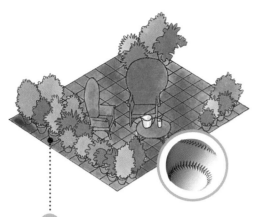

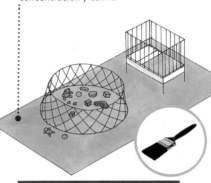

10 EL CUARTO DE LOS NIÑOS

Éste es su lugar de relajación, así que pinte las paredes con sus colores favoritos, coloque la silla más cómoda y ajuste las luces hasta conseguir la máxima relajación. Al entrar en esta habitación, deje todas las sensaciones negativas fuera y consiga un estado de concentración y calma.

8 EL DORMITORIO

Puede imaginarse a sí mismo sentado en la cama, mientras ensaya su actuación. Utiliza objetos que le dan apoyo como un micrófono, para asegurarse de que se expresa claramente, un metrónomo, para ayudarle a hablar más lentamente, y un libro de autoayuda para mejorar la confianza en sí mismo.

6 LA TERRAZA

Se ha iniciado un partido de béisbol a gran escala. Imagine a algunos jugadores que discuten entre los sillones de mimbre y guiñan los ojos por la intensa luz solar.

ENSAYE LA RUTA

ANTES DEL DÍA SEÑALADO, UTILICE LA ESTRUCTURA PARA ENSAYAR CÓMO LLEGA A TIEMPO, COMPLETA CADA UNA DE LAS FASES, ACTÚA PONIENDO TODA LA CARNE EN EL ASADOR Y MANTIENE LA MOTIVACIÓN Y LA CALMA. UNA VISITA MENTAL ORDENADA A CADA UNA DE LAS HABITACIONES LE SUMINISTRARÁ PODEROSAS PISTAS VISUALES PARA TODOS LOS CONCEPTOS QUE NECESITE RECORDAR Y LE INFUNDIRÁ TANTO MOTIVACIÓN COMO CALMA. DURANTE EL PROGRAMA, REALICE NUEVAS VISITAS A SU MENTE PARA MANTENER EL CONTROL EN UNA SITUACIÓN DE OTRO MODO ESTRESANTE.

9 EL BAÑO

Ésta es su zona de motivación, y la habitación está llena de premios entre los que se incluye el dinero, electrodomésticos, viajes y trofeos. En la pared hay una fotografía de usted en el momento de ganar un Óscar mientras que sus orgullosos amigos y familia le miran. Cada vez que visita la habitación, su motivación recibe un potente balón de oxígeno.

7 EL ESTUDIO

Esta habitación está repleta de leyendas cinematográficas. Marilyn Monroe está sentada a la mesa, escribe a máquina. Harrison Ford, como Indiana Jones, se balancea, colgado de la lámpara. Arnold Schwarzenegger busca entre los libros su novela de acción favorita.

Memoria y deportes

APRENDA A SER UN GANADOR SEA CUAL SEA
LA COMPETICIÓN O EL DEPORTE.

Todo atleta de elite sabe que ganar es un logro tanto mental
como físico. Entrenan sus mentes con el fin de ser capaces de
superar la competición. Los entusiastas del deporte, a cualquier
nivel, pueden beneficiarse de una mente potente.

Las listas mentales pueden ayudarnos a dominar o mejorar
una técnica determinada. Use la capacidad de su mente para
aprender los puntos de una lista y deje que éstos le instruyan
cada vez que practique. Pronto, la técnica se transformará en
un proceso natural e instintivo.

La práctica lo convierte en permanente
Imagen principal: use su imaginación para practicar únicamente los movimientos correctos del deporte elegido y eliminar los malos hábitos. Algunos equipos deportivos entrenan con los himnos grabados de la afición contraria para habituarse a las condiciones con las que deberán enfrentarse. Tanto si se trata del golf como del tenis, la preparación teniendo en cuenta las condiciones en las que va a jugar constituye el primer paso para superar los retos del ambiente competitivo.

La lección de golf

Un golfista principiante puede recibir la siguiente lista de instrucciones:

1 Elección del palo

2 Sujeción

3 Posición de los pies

4 Golpear desde el *tee*

5 Tiempos

6 Altura del *backswing*

7 *Downswing*

8 *Follow through*

El aprendiz de golf podría otorgar fácilmente a cada una de estas ideas una pista visual y localizar las imágenes en la estructura memorística elegida. Habría un enorme palo de golf en la primera habitación o zona; algo que le sujetara la mano en la segunda; pisadas en la tercera; una modelo tomando té en la cuarta, etcétera. Al moverse mentalmente por esta estructura, el golfista obtendría recordatorios para cada dato de la lista, y, pronto, la rutina se haría instintiva. Un sistema memorístico como éste pone simplemente en marcha el proceso de aprendizaje y asegura que los hábitos que adquiere son los correctos.

VISUALIZAR EL ÉXITO

También es importante emplear la imaginación para visualizar el éxito. En una ocasión, un entrenador acusó al gran corredor olímpico Jim Thorpe de saltarse los entrenamientos. Le había visto reclinado en una silla, con los pies en alto y los ojos cerrados, mientras que el resto del equipo se dejaba la piel en la pista.

«¿Por qué no entrenas?», preguntó el entrenador.

«Sí entreno», respondió Thorpe. Había ganado varias carreras mentalmente, comprobado el más mínimo detalle de su técnica, imaginado su perfecta ejecución, y convirtió todo ello en un trozo de memoria al que poder acudir más tarde. Diseñaba imágenes mentales que le ayudasen a cristalizar los puntos clave de la técnica y la estrategia, así como los pensamientos motivadores que debían empujarle a los primeros puestos de la competición.

66*Allí donde juegues debes sentirte como en casa.***99**

Lee Treviño
Golfista

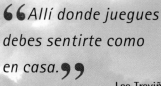

CONOCER EL CAMPO DE GOLF
Superior: los campos de golf retan al jugador de muy diferentes formas. Si es capaz de imaginar las dificultades del campo antes de jugar, al día siguiente jugará mejor.

SENTIRSE EN CASA

Nuestra imaginación nos permite ir a cualquier parte, lo que nos ofrece una valiosa capacidad de aclimatación antes del acontecimiento deportivo. Después de ganar el torneo de Wimbledon, en 1977, la tenista británica Virginia Wade explicó que había visitado el Center Court con su mente el día de la final. El golfista Lee Treviño ha llegado a afirmar: «Allí donde juegues debes sentirte como en casa», refiriéndose a que hay que sentirse en paz con el entorno sean cuales sean las condiciones. Nuestra imaginación hace que podamos visitar cualquier lugar por anticipado (un estadio de fútbol, un campo de golf o una pista de atletismo) para llegar al lugar real con sensaciones de familiaridad.

Es importante desarrollar hábitos que ayuden en lugar de entorpecer. Durante los próximos diez segundos, NO piense en elefantes. Naturalmente es imposible no hacerlo. Del mismo modo, muchos atletas consideran que los pensamientos involuntarios constituyen uno de sus mayores problemas. Durante la preparación de un encuentro importante, todos ellos pueden pensar que la bola no entrará; o durante un largo torneo de tenis, no dejan de imaginar que su próximo pase va a fallar. El ensayo mental puede ayudar a evitar estas trampas. Si visualizamos sólo resultados positivos, los pensamientos positivos aparecerán con mayor naturalidad que los negativos.

PREPARACIÓN MENTAL

Los ejercicios mentales pueden ayudar a crear una zona de relajación absoluta y de concentración perfecta para el ensayo mental antes del encuentro. Si se practica antes, será más fácil alcanzar ese estado durante el juego real. Así es como lo describe el golfista Arnold Palmer: «Estás envuelto en la acción y vagamente consciente de ello, pero tu concentración no se focaliza en el alboroto sino en la próxima oportunidad. Es como una sensación de ensimismamiento [...] el estado de aislamiento que un gran músico alcanza al realizar una interpretación sublime [...] no sólo física sino también espiritualmente; un poco de ambos, en un plano diferente y más remoto».

Otro gran deportista, Jack Nicklaus, lo describe como verse a sí mismo en una especie de pantalla de cine mental, utilizando el *zoom* para ver los detalles de una técnica perfecta. Ha dicho que su ejecución deportiva real consiste en un 10 % de *swing*, un 40 % es organización (su versión de la lista de la página 126), y el 50 % es el ensayo mental.

Los atletas son buenos recordando qué se siente tanto cuando se pierde como cuando se gana. La estrella británica del *sprint*, Linford Christie, decía que el recuerdo intenso de la derrota encendía su deseo de victoria. Podemos aprender de la derrota, sin temer su repetición, pero creando pistas visuales de los errores para poder

UNA CARRERA, MILES DE CARRERAS DE PRÁCTICA
Izquierda: los atletas de elite se imaginan en el momento de participación en su carrera perfecta, innumerables veces y antes del acontecimiento. Como resultado, «instintivamente» saben qué hacer cuando llega el día de la carrera.

evitarlos en el futuro. Una técnica útil: visualice el momento de la derrota con tanto detalle como sea posible. Después, modifique mentalmente cada fragmento de la imagen hasta que el resultado sólo pueda calificarse de éxito. De esta manera, dispondrá de poderosos recuerdos de técnicas con éxito, al mismo tiempo que de la seguridad para controlar sus pensamientos durante la competición.

> ❝Me imagino a mí mismo en una pantalla de cine mental, utilizando el *zoom* para ver los detalles de una técnica perfecta.❞
>
> Jack Nicklaus
> Golfista

Naipes

LA CAPACIDAD PARA RECORDAR SECUENCIAS DE CARTAS ES UNA DE LAS APLICACIONES MÁS IMPRESIONANTES DE UNA MEMORIA POTENTE: SI ES CAPAZ DE MEMORIZAR UNA BARAJA ENTERA DE CARTAS, PROBABLEMENTE SERÁ CAPAZ DE RECORDAR CUALQUIER COSA.

La memoria también puede ayudarle a ganar a las cartas, incluso cuando sólo necesita recordar unos pocos naipes al mismo tiempo. Además, si emplea su memoria para mejorar su juego de cartas, estimulará sus técnicas de observación, aumentará la rapidez de pensamiento y obtendrá una enorme sensación de seguridad.

Para recordar las cartas es preciso que invierta un poco de tiempo en aprender un sistema específico. Al igual que con los números, decida una imagen clave que represente a cada una de las 52 cartas y utilice estas imágenes para formar escenas e historias y completar una estructura memorística.

El hecho de aprender 52 imágenes puede parecer una tarea intimidante, pero existe un claro patrón en este sistema, basado en la técnica de los números expuesta en las páginas 74–77. Una vez ha memorizado las imágenes y ha empezado a utilizarlas, no tardará mucho en poder recordar instantáneamente la imagen para cada carta y viceversa. Así, el palo de la carta sirve de guía general al tipo de imagen escogida para representarla. La imagen específica está determinada por el número de la carta, tomado del sistema expuesto con anterioridad (*véase* página 76).

SEGURIDAD EN LAS CARTAS
Inferior: aprender a recordar los 52 naipes mejora extraordinariamente tanto su seguridad al jugar como sus técnicas de observación y su capacidad de concentración.

- Todas las cartas de corazones tienen imágenes relacionadas con el amor, el cariño y el cuerpo humano.

- Los diamantes están vinculados con la riqueza, las joyas y la artesanía.

- Las imágenes de los tréboles están asociadas con el crimen, las armas y la violencia.

- Las elegidas para las picas están relacionadas con las excavaciones y el trabajo.

He aquí un recordatorio:

- Considere el as como el uno: su imagen se asociará a plumas, pinceles, con el dibujo y la pintura.
- El dos está asociado al vuelo.
- El tres se asocia a la policía.
- El cuatro se asocia a la navegación.
- El cinco está asociado a ganchos y elevación.
- El seis se asocia a las armas.
- El siete se asocia a la luz.
- El ocho está asociado a la nieve y al hielo.
- El nueve se asocia a los dulces y los alimentos.
- El diez está asociado a puertas y edificios.
- La sota es el once, de manera que se relaciona con los trenes.
- La reina es el doce, asociado con los relojes y el tiempo.
- Finalmente, el rey está representado por la imagen del propio palo: un corazón, un diamante, un trébol o una pica.

Lea la descripción de la imagen de cada naipe y déle vida con detalles. Cuando entienda la conexión de esa imagen con su correspondiente carta, recuérdela en orden. Seguidamente, reparta una baraja real de cartas y practique repitiendo en voz alta las imágenes asociadas.

¿CUÁL ES NUESTRO NÚMERO?
Izquierda e inferior: los aviones y los relojes constituyen vívidas imágenes utilizadas para recordar los números de las cartas. Con este sistema podemos recordar las 52 cartas y mejorar considerablemente tanto la seguridad en el juego como las técnicas de observación y concentración.

EL SISTEMA DE LOS NAIPES

As de corazones:
un poeta
*(los corazones sugieren
romanticismo, y el uno escritura).*

Dos de corazones:
una azafata de vuelo
*(el corazón evoca cuidados,
y el dos vuelo).*

Tres de corazones:
un médico de urgencias
*(el tres puede extenderse desde
la policía hasta otros servicios
de urgencias).*

Cuatro de corazones:
un crucero romántico.

Cinco de corazones:
una novia
*(el cinco puede ser un gancho,
evocación de la boda).*

Seis de corazones:
Cupido
*(el seis se asocia a las armas;
en este caso, el arco de Cupido).*

Siete de corazones:
una vela
(iluminación romántica).

Ocho de corazones:
una donación de corazón
cubierto de hielo.

Nueve de corazones:
una comida romántica.

Diez de corazones:
una iglesia
*(el corazón sugiere boda, y el diez
puede ser un edificio).*

Sota de corazones:
un fanático del tren.

Reina de corazones:
un marcapasos
*(marcando el tiempo como
un reloj, por el doce).*

Rey de corazones:
un simple corazón
de papel.

As de picas:
pintor y decorador.

Dos de picas:
piloto de líneas aéreas.

Tres de picas:
agente de policía.

Cuatro de picas:
marinero.

Cinco de picas:
basurero.

Seis de picas:
soldado
(trabaja con armas).

Siete de picas:
técnico de iluminación.

Ocho de picas:
pala quitanieves.

Nueve de picas:
cuchara
*(piense en ella como en una
pequeña pala para la comida).*

Diez de picas:
barraca de obrero.

Sota de picas:
pala de carbón
(utilizada en los trenes de vapor).

Reina de picas:
reloj de los trabajadores.

Rey de picas:
gran pala de jardín.

As de tréboles:
escritor de novela negra.

Dos de tréboles:
bastón de animadora que
vuela alto por los aires.

Tres de tréboles:
porra de policía.

Cuatro de tréboles:
pirata.

Cinco de tréboles:
carterista.

Seis de tréboles:
ladrón armado.

Siete de tréboles:
luces de vigilancia, búsqueda
de criminales escapados.

Ocho de tréboles:
batalla de bolas de nieve.

Nueve de tréboles:
bandeja de comida de la prisión.

Diez de tréboles:
edificio de la prisión.

Sota de tréboles:
ladrón de trenes.

Reina de tréboles:
despertador
*(imagine el martillo
golpeando la campana).*

Rey de tréboles:
gran cachiporra
de un cavernícola.

Cuando se haya familiarizado con las 52 imágenes, puede poner en marcha el sistema e intentar recordar algunas cartas. Simplemente conecte las imágenes apropiadas con un argumento fácil de recordar.

As de diamantes:
tallador de diamantes.

Dos de diamantes:
avión con incrustaciones de diamantes.

Tres de diamantes:
brazaletes cubiertos de diamantes.

Cuatro de diamantes:
yate de lujo.

Cinco de diamantes:
minero que utiliza un pico para buscar diamantes.

Seis de diamantes:
pistola adornada con pedrería.

Siete de diamantes:
lámpara de joyero.

Ocho de diamantes:
cubito de hielo tallado como un diamante.

Nueve de diamantes:
caviar, uno de los alimentos más caros.

Diez de diamantes:
palacio cubierto de diamantes.

Sota de diamantes:
el *Orient Express* (tren de lujo).

Reina de diamantes:
reloj de pulsera con pedrería.

Rey de diamantes:
gran diamante.

Por ejemplo, para recordar esta secuencia de cartas (izquierda) debe imaginar un soldado (carta 1), con un reloj con incrustaciones de pedrería (carta 2), que le quita un cubito de hielo (carta 3) a un pirata (carta 4) que lleva una bandeja de caviar (carta 5).

Utilice su imaginación para aumentar las posibilidades de las imágenes de cada una de las cartas. El nueve de diamantes, por ejemplo, podría ser cualquier tipo de alimento de lujo.

Para recordar esta nueva serie (inferior), debe imaginar una azafata de vuelo (carta 1) que cambia una bombilla (carta 2) y la reemplaza por un corazón de papel (carta 3). De alguna manera, ahora, la luz es tan brillante como una luz de vigilancia (carta 4) y gira para iluminar un yate de lujo (carta 5).

Practique con pequeños grupos de cartas hasta que adquiera seguridad con el sistema y, entonces, intente memorizar una baraja completa. Divida las cartas en nueve grupos de cinco; convierta cada grupo en una historia o escena fácil de recordar y que pueda fijarse a una estructura memorística. En la zona diez, cree una historia más larga para recordar las siete últimas cartas.

PENSAMIENTO IMAGINATIVO

CUANDO ABRIMOS NUESTRA MENTE A LAS IMÁGENES, LAS HISTORIAS Y LOS PATRONES
INCLUIDOS EN LAS TÉCNICAS DE MEMORIA, NUESTROS PENSAMIENTOS ADQUIEREN
UN NUEVO PODER. SEA CUAL SEA EL RETO AL QUE NOS ENFRENTAMOS, LO PODEMOS
EXPLORAR EN NUESTRA IMAGINACIÓN CREATIVA, VERLO DESDE DISTINTOS ÁNGULOS
E IMAGINAR SOLUCIONES CON UNA SEGURIDAD RECIÉN ADQUIRIDA.

PISTAS FALSAS Y SUPOSICIONES
*Inferior: cuestione siempre las
pistas falsas y las opiniones
consensuadas, ya que éstas
pueden desviar su línea lógica
de razonamiento y entorpecer
la solución del problema.
Las suposiciones son imágenes
habituales que aparecen en su
mente y le ayudan a formar las
ideas. Utilice su imaginación para
descartarlas y considere cada
cosa desde el principio.*

*ENSAYE CON ESTA PRUEBA
PARA PRINCIPIANTES*
He aquí una famosa cuestión
de pensamiento lateral:

*Un hombre trabaja en el último piso
de un edificio de oficinas con 20 plantas.
Por las tardes, toma el ascensor hasta la
planta baja y se va a su casa. Por las
mañanas, regresa al edificio, entra en
el ascensor, pero habitualmente baja
en el piso diecinueve y sube a pie el
último tramo de escaleras, hasta su
despacho. En ocasiones, consigue hacer
todo el trayecto hasta el piso veinte,
pero la mayoría de las veces da este
paseo final. ¿Por qué?*

Para ayudarle a resolver el problema,
ponga en marcha su imaginación.
El truco consiste en evitar hacer
suposiciones. Las imágenes mentales
constituyen un excelente recurso, porque
puede empezar con la visualización
únicamente de los detalles que sabe que
son ciertos y asegurarse de que no cae
en la conclusión errónea. Añada
gradualmente otros detalles; pruebe
posibles escenarios hasta llegar a la
mejor solución.

EMPEZAR POR EL PRINCIPIO
Para resolver el enigma del ascensor,
empiece por visualizar los detalles que
conoce. Imagine el alto edificio de

NUEVAS PERSPECTIVAS
*Página siguiente: la visualización del edificio
y del ascensor que aparecen en la historia de
pensamiento lateral le ayuda a plantearse los
interrogantes desde distintas perspectivas, tanto
en las situaciones ficticias como en la vida real.*

oficinas y a esta persona que toma el ascensor de bajada, por la tarde, y vuelve por la mañana. No sabe qué pasa dentro del ascensor, por tanto, su «película mental» debe detenerse desde el momento que entra en el ascensor hasta que se abren las puertas en el piso diecinueve o veinte.

De hecho, se trata de un descubrimiento muy importante. Al visualizar su trayecto de esta manera se destacan las lagunas que usted necesita completar y las zonas donde tal vez se halle la solución.

¿Qué diferencia hay entre los dos trayectos? En ocasiones, puede que haya otras personas en el ascensor, por tanto, éste podría ser un factor. Imagíneselo en el momento de pulsar el botón del piso al que se dirige. Piense en esta escena con cuidado y verá que el botón de la planta baja es probable que se encuentre en la parte baja del panel, y que el de la planta veinte se halle en su parte alta. ¿Qué es lo que le hace elegir el botón diecinueve en lugar del veinte?

Imagínelo tocando el panel, pero ¿y si no alcanza el botón de la planta veinte? ¿Se ajusta esta solución con el resto del rompecabezas? Desarrolle esta escena: el hombre es demasiado bajo para alcanzar el botón. Excepto las veces en las que hay otro pasajero para apretarlo por él, sólo puede llegar hasta el piso diecinueve. Ésta es una solución.

PENSAMIENTO CREATIVO

LA CAPACIDAD PARA DESCUBRIR, INVENTAR Y EXPLICAR ESTÁ INTIMAMENTE ASOCIADA CON LA CAPACIDAD DE IMAGINAR, LA CUAL ES, A SU VEZ, EL NÚCLEO DE TODAS LAS ESTRATEGIAS MNEMOTÉCNICAS EXPUESTAS EN ESTE LIBRO. MUCHOS DE LOS GRANDES PENSADORES DE LA HISTORIA CONFIABAN EN LA IMAGINACIÓN A LA HORA DE ENFRENTARSE A LOS RETOS MENTALES.

PENSAR COMO UN GENIO
Superior: aunque se le conoce por sus aportaciones a la ciencia, Einstein afirmaba que la imaginación era más importante que el conocimiento.

$E=MC^2$

En una ocasión, Albert Einstein escribió: «Mi particular talento no reside en el cálculo matemático, sino más bien en la visualización de los efectos, las posibilidades y las consecuencias». Sabemos que empleó su imaginación para estudiar cuestiones enigmáticas. Se imaginó a sí mismo a caballo sobre un rayo de luz y sujetando un reloj cuando enunció la teoría de la relatividad. También, la imagen de un ascensor que se desplomaba hasta el suelo le ayudó a desarrollar todas las implicaciones de sus razonamientos. Incluso llegó a decir que la imaginación era más importante en su trabajo que los conocimientos.

INSPIRACIÓN EN LAS LLAMAS

El químico alemán Kekulé intentaba descubrir la estructura molecular del benceno. Cada noche se sentaba frente al fuego y relajaba su mente mientras le inspiraba el movimiento de las llamas. Se encontraba en un estado de somnolencia en el que llevaba a cabo una investigación imaginaria cuando hizo su principal descubrimiento:

«Giré mi silla hacia el fuego y dormité. De nuevo, los átomos bailaban ante mis ojos. Esta vez, los grupos más pequeños se mantuvieron discretamente en segundo término. Los ojos de mi mente, más agudos ante repetidas visiones de este tipo, distinguieron estructuras más grandes, de múltiples formas; en ocasiones incluso vieron largas hileras acopladas más estrechamente, que giraban y oscilaban con movimientos de serpiente. Pero, ¡de repente! ¿Qué era aquello? Una de las serpientes se agarró a su propia cola, y la forma giró burlonamente ante mis ojos. Desperté como tocado por un rayo de luz...».

Cuanto más practiquemos la creación de imágenes mentales y su manipulación en nuestra mente, más fácil será entrar en ese estado de creatividad. Dado que la información con la que se enfrenta también es visual (nuevamente la forma más fácil de recordar), no existe el peligro de que olvide las innovaciones y descubrimientos que ha realizado. Acostúmbrese a convertir todo en imágenes; explore estas imágenes a través de los sentidos; experimente con esquemas nuevos; sea consciente de las nuevas posibilidades que su cerebro pueda elaborar.

ZONAS DE PENSAMIENTO EXTERNAS

Asimismo, puede resultar eficaz experimentar con diferentes zonas de pensamiento externas, las cuales crearán distintos estados de ánimo internos y modelos de pensamiento. Al igual que Kekulé tuvo su momento de inspiración frente al fuego, usted necesita encontrar lugares de trabajo que permitan que su imaginación creativa tome vida.

El japonés Yoshiro NakaMats, uno de los inventores más prolíficos de la historia, llevaba a cabo las diferentes fases de su proceso creativo en lugares bien definidos. En una estancia completamente blanca, su mente navegaba y exploraba nuevas ideas. En una estancia que él denominaba «habitación de natación creativa» se ocupaba de la profunda y concentrada interpretación de imágenes y conceptos. Entre sus inventos se encuentra el CD, el disquete y el reloj digital, que junto a sus otras 2.300 patentes le han convertido en un hombre inmensamente rico.

¿ESCUCHA MÚSICA?
Superior: encuentre su zona de memoria; allí donde su mente funciona mejor. Experimente para descubrir si está en el interior o en el exterior, si es un lugar silencioso o con música, en el que está solo o acompañado.

VISUALIZACIÓN EN UNA T: LA IMAGINACIÓN DE TESLA

El inventor Nikola Tesla perfeccionó tanto sus técnicas de visualización que, mentalmente, era capaz de construir cualquier mecanismo con el máximo de detalles. Después, como una versión virtual de diseño por ordenador, lo podía ver desde cualquier ángulo e imaginar exactamente cómo resultaría una vez acabado. Sus mecánicos decían que todas las mediciones salían directamente de su imaginación, y que éstas tenían una exactitud de hasta una milésima de milímetro. Entre los descubrimientos de Tesla se encuentra el sistema de corriente alterna de generación de fuerza, sin el cual no se hubiese producido la era de la electricidad.

ES ILÓGICO

Max Planck, padre de la teoría del quántum, escribió que todo pensador de prestigio debe poseer «una viva imaginación para las nuevas ideas no generadas por deducción, sino artísticamente por la imaginación creativa». De forma similar, los problemas lógicos pueden resolverse mediante la divertida, colorista, ilimitada e ilógica imaginación.

IMAGINACIÓN EN EL TRABAJO

PUEDE UTILIZAR SU ENTRENADA IMAGINACIÓN PARA MEJORAR SU
RENDIMIENTO EN EL TRABAJO.

Imagínese a sí mismo en el trabajo realizando una tarea clave. ¿Qué es lo que ve? Probablemente verá la misma imagen cada vez que piense en su trabajo. Ésta es la estructura que impone usted en el trabajo, y la puede utilizar para mejorar su rendimiento. Controle sus imágenes mentales y altere los detalles para favorecer las sensaciones positivas.

¿ESTRESADO?

Si se siente estresado en el trabajo, realice su visualización tan relajadamente como sea posible. En su mente, pinte las paredes de colores sedantes, cambie los sonidos y los olores de la habitación y tómese su tiempo antes y después del trabajo para reforzar esta percepción relajante. En lugar de imaginarse de inmediato en una situación difícil y estresante, puede cambiar su hábito para conseguir que el pensamiento en el trabajo sea más atrayente. Asimismo, puede utilizar la imaginación controlada con el fin de ensayar determinadas tareas, e introducir útiles complementos en sus estrategias.

TÉCNICAS INFORMÁTICAS

Si trabaja con un ordenador, visualícese utilizándolo para introducir, editar o procesar información. Imagine el trazado de la pantalla y familiarícese con esta versión mental de la realidad. De esta manera, acelerará sus técnicas informáticas mediante el ensayo mental y se sentirá más seguro en cuanto a los programas. Además, se dará cuenta de que puede ejecutar muchas funciones informáticas sin tener el terminal delante de usted. Por ejemplo, si regularmente comprueba detalles de la cuenta de un cliente, los necesita y no dispone de su ordenador, cierre los ojos e imagine qué haría para acceder a esos detalles. Estimule su memoria para recordar la información.

También puede intentar procesar información en lugar de sólo acceder a ella. No debe ser tan exacto como un ordenador, pero un programa «imaginado» puede ayudarle a seguir los pasos básicos. Si está empeñado en solucionar un problema, puede volver mentalmente a su ordenador para poner en marcha el programa.

El ábaco (la calculadora más antigua formada por cuentas y varillas) sigue utilizándose en ciertas culturas. En los concursos, los expertos en el ábaco ejecutan increíbles proezas simplemente visualizándolo para calcular las respuestas.

SEXTA PRUEBA DE PROGRESO

ESTA PRUEBA DESARROLLA LAS TÉCNICAS EXPUESTAS EN ESTE CAPÍTULO. ELIJA SU ESTRUCTURA FAVORITA Y UTILÍCELA PARA INTRODUCIR LA INFORMACIÓN Y CREAR PISTAS MENTALES. PRACTIQUE PASEANDO POR LA ESTRUCTURA ANTES DE INTENTAR RECUPERAR LOS DIVERSOS FRAGMENTOS DE INFORMACIÓN.

VACACIONES EN UN CÁMPING

HE AQUÍ ALGUNAS COSAS QUE DEBE RECORDAR AL PLANIFICAR UNAS VACACIONES EN UN CÁMPING. FIJE LOS DETALLES EN SU MENTE Y DESPUÉS RESPONDA A LAS PREGUNTAS DE LA PÁGINA 140.

FECHA DE LAS VACACIONES:
26 de junio – 5 de julio.

Recoger a Álex en su casa a las 10.00 horas.

COSAS QUE HAY QUE COMPRAR:
bombonas de gas, cerillas, brújula, linterna, botas de montaña.

COSAS IMPORTANTES PARA EL EQUIPAJE:
navaja, cantimploras, mapas, repelente de insectos.

NÚMERO DE TELÉFONO DEL CÁMPING:
3389021.

CHARLA SOBRE JOYERÍA

IMPARTE UNA CHARLA SOBRE JOYERÍA Y DEBE CUBRIR DIEZ PUNTOS CLAVE (INFERIOR). FIJE LOS PUNTOS EN UNA ESTRUCTURA MEMORÍSTICA PARA RECUPERARLOS MÁS TARDE.

1 Herramientas   2 Materiales   3 Complementos   4 Alianzas   5 Anillos con adornos

6 Abalorios   7 Colgantes   8 Aplicación de piedras   9 Brazaletes   10 Alambre retorcido

SATISFACCIÓN EN EL TRABAJO

PIENSE EN UNA TAREA HABITUAL DE SU TRABAJO DURANTE UN PAR DE MINUTOS Y, SEGUIDAMENTE, MODIFIQUE DIEZ COSAS PARA HACERLA MÁS ATRACTIVA. ENSAYE DE NUEVO LA TAREA DURANTE UN MINUTO PENSANDO EN LO QUE HA MOTIVADO LOS CAMBIOS. FINALICE CON LA ADICIÓN DE DOS DETALLES CON LOS QUE ESTÉ FAMILIARIZADO PARA HACER LA IMAGEN MÁS EVOCADORA.

NAIPES

INVIERTA CINCO MINUTOS EN APRENDER ESTA SECUENCIA DE CARTAS: TRANSFORME CADA CARTA EN LA IMAGEN QUE LE HA SIDO ASIGNADA Y, DESPUÉS, CREE UN ARGUMENTO FIRME QUE CONECTE LAS IMÁGENES.

¿Cómo lo ha hecho?

¿PUEDE CONTESTAR A LAS SIGUIENTES PREGUNTAS DE MEMORIA? ESCRIBA SUS RESPUESTAS Y COMPRUEBE SU RESULTADO EN LA PÁGINA ANTERIOR.

VACACIONES EN UN CÁMPING

INTENTE CONTESTAR A ESTAS PREGUNTAS.

1 ¿Qué cinco cosas precisa comprar para su viaje?

_____

_____

_____

_____

2 ¿Qué día volverá a casa?

_____

3 ¿A qué hora ha quedado con Álex el 26 de junio?

_____

4 ¿Cuál es el número de teléfono del cámping?

_____

5 ¿Qué se olvidaría si incluyese en el equipaje los siguientes objetos?

Mantas, linterna, mapas, libros, tienda, repelente de insectos, navaja, neceser.

_____

_____

CHARLA SOBRE JOYERÍA

VEAMOS CUÁNTOS PUNTOS PUEDE ESCRIBIR DE MEMORIA.

NAIPES

RECITE O ESCRIBA LA SECUENCIA DE CARTAS EN SU ORDEN CORRECTO. REPITA LENTAMENTE EL ARGUMENTO EN SU MENTE PARA RECUPERAR LAS IMÁGENES ASIGNADAS Y LOS PALOS Y NÚMEROS ASOCIADOS A ÉSTAS.

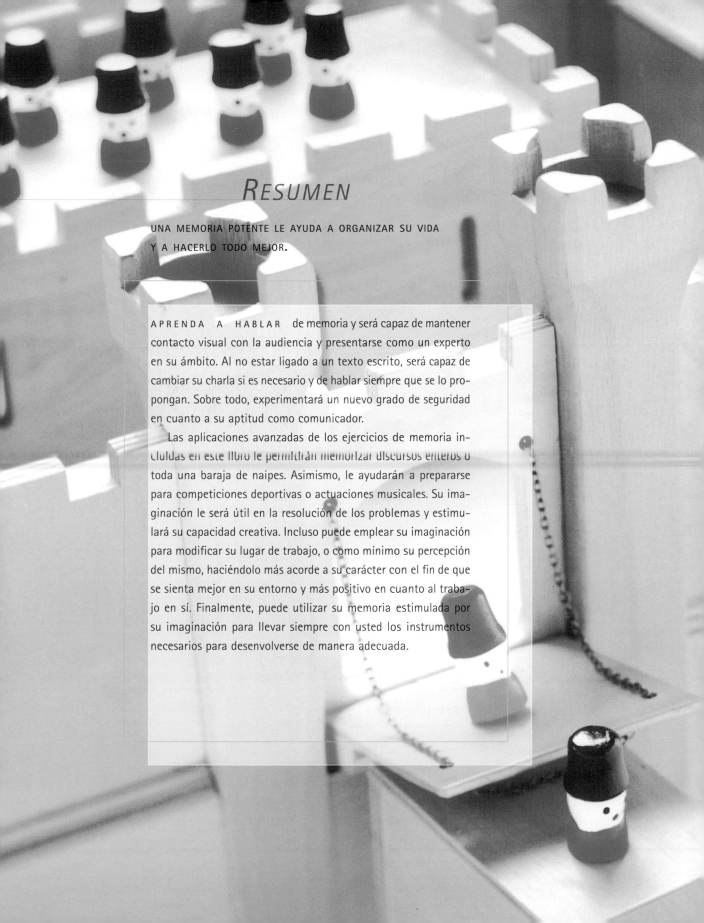

RESUMEN

UNA MEMORIA POTENTE LE AYUDA A ORGANIZAR SU VIDA
Y A HACERLO TODO MEJOR.

APRENDA A HABLAR de memoria y será capaz de mantener contacto visual con la audiencia y presentarse como un experto en su ámbito. Al no estar ligado a un texto escrito, será capaz de cambiar su charla si es necesario y de hablar siempre que se lo propongan. Sobre todo, experimentará un nuevo grado de seguridad en cuanto a su aptitud como comunicador.

Las aplicaciones avanzadas de los ejercicios de memoria incluidas en este libro le permitirán memorizar discursos enteros o toda una baraja de naipes. Asimismo, le ayudarán a prepararse para competiciones deportivas o actuaciones musicales. Su imaginación le será útil en la resolución de los problemas y estimulará su capacidad creativa. Incluso puede emplear su imaginación para modificar su lugar de trabajo, o como mínimo su percepción del mismo, haciéndolo más acorde a su carácter con el fin de que se sienta mejor en su entorno y más positivo en cuanto al trabajo en sí. Finalmente, puede utilizar su memoria estimulada por su imaginación para llevar siempre con usted los instrumentos necesarios para desenvolverse de manera adecuada.

EJERCICIOS DE MEMORIA PARA LA VIDA COTIDIANA

UNA MENTE EJERCITADA PUEDE MANTENERSE EN FORMA Y ACTIVA DURANTE TODA LA VIDA. LA EXPERIENCIA DE RECORDAR CAMBIA CON LA EDAD, PERO PUEDE APRENDER A ACOMODARSE A LOS CAMBIOS DE LA MEMORIA, CUALQUIERA QUE SEA SU ESTILO DE VIDA. LO MÁS IMPORTANTE ES QUE PUEDA DISFRUTAR DE LAS DELICIAS DE LA MEMORIA: EL PASADO PUEDE INFORMARLE, ACOMPAÑARLE Y ENRIQUECER EL PRESENTE.

LA MEMORIA
Y EL ENVEJECIMIENTO

UNO DE LOS ÁMBITOS MÁS FASCINANTES DE LA INVESTIGACIÓN
SOBRE LA MEMORIA SE DEDICA A LOS CAMBIOS EN LA
EXPERIENCIA DE RECORDAR.

Está claro que si una persona de 89 años recuerda cómo era
tener 88 años, su experiencia será muy diferente de la de un
niño de 9 años recordando un año atrás. De la misma manera,
la capacidad de una persona de 70 años para aprender
nueva información varía enormemente de la de un
adolescente. No obstante, la creencia generalizada de que
la memoria se deteriora con los años es errónea. La memoria
cambia, pero el futuro es mucho más esperanzador de lo que
la mayoría de las personas creen.

Durante la infancia tenemos pocas responsabilidades y
raramente se espera que recordemos demasiado. Podemos
acordarnos del pasado, pero nuestra capacidad para distinguir
entre sucesos importantes y triviales es limitada. Lo que
tenemos que aprender, lo aprendemos
rápidamente, pero también tendemos a olvidar
con la misma rapidez. La memoria prospectiva
(en especial de sucesos que hemos esperado
con emoción) quizás es potente.

En la madurez se nos exige que
adquiramos y retengamos mucha más
información. Asimismo, tenemos que vivir
con las consecuencias de olvidar. Cuanto
más mayores nos hacemos, más nos cuesta
aprender, pero también es menos probable
que olvidemos las cosas que hemos aprendido.
Somos capaces de distinguir entre los
recuerdos importantes y los triviales, al mismo
tiempo que la memoria prospectiva parece
debilitarse significativamente con la edad.

BOLSA DE MEMORIA
*Inferior: en ocasiones, sentimos que
nuestros recuerdos son tan irreales
que parecen retazos sueltos metidos
aleatoriamente en una bolsa de la
compra. Esta percepción negativa
puede invertirse tan pronto como
empecemos a utilizar los sistemas
de memoria en la vida cotidiana.*

Recuerdos

David Bermúdez   Antonio Sáez   Federico Gómez   Julia Trueba

Enrique Arias Marcos Batlle José Méndez María Escudero Éric Blázquez

RECUERDOS INFANTILES
*Superior: a los niños
les resulta difícil
priorizar sus
recuerdos. Por
ejemplo, recuerdan
cuáles son los juegos
que sus compañeros
de clase prefieren,
pero olvidan
completamente
sus nombres.*

CAMBIOS EN LA MEMORIA

A lo largo de una vida, una serie de
factores físicos tienen influencia sobre
nuestros recuerdos. En el caso de las
mujeres, los cambios en los niveles
hormonales pueden tener espectaculares
efectos en el recuerdo de la información.

**EL CICLO VITAL DE
NUESTRA MEMORIA**
*Imagen principal: las
diferentes fases del
desarrollo físico
se corresponden
con diferentes
experiencias de la
memoria. Piense que
su memoria «cambia»
en lugar de pensar
que falla. Recuerde que
algunos fármacos
y procedimientos
médicos pueden
causar problemas de
memoria, de manera
que siempre es
aconsejable preguntar
a su médico si existen
alternativas a un
tratamiento.*

Las zonas del cerebro implicadas en la
memoria requieren un aporte constante
de estrógenos, una hormona femenina,
y muchas mujeres constatan problemas
de memoria en la fase premenstrual,
cuando los niveles de estrógenos están
más bajos, así como después de la
menopausia.

A pesar de que enfermedades
relacionadas con la edad como la
enfermedad de Alzheimer tienen efectos
fundamentales sobre la memoria, el
declive de las funciones mentales y de la
capacidad para recordar no forma parte
del proceso normal de envejecimiento.
Durante los cincuenta y los sesenta años,
la mayoría de personas notan un cambio
marcado en ciertos ámbitos de
la memoria, especialmente en la
capacidad para aprender nueva
información y mantener en la
mente los sucesos que están
por venir, mientras que los
recuerdos del pasado lejano
permanecen inalterados. Al
mantener sus mentes activas
mediante la utilización de las
estrategias explicadas en este
libro para aprender nueva
información y aplicando la
sabiduría y la experiencia
para completar algunas
lagunas de la memoria,
los mayores pueden
mantener una total
confianza en su
competencia para
recordar.

APRENDER DURANTE TODA LA VIDA

«UTILÍCELA O PIÉRDALA.» PARECE UN ESLOGAN PERO ES VERDAD: CUANTO MÁS PONGA A PRUEBA SU MENTE, MÁS FUERTE SE MANTENDRÁ. LAS INVESTIGACIONES HAN DEMOSTRADO QUE INCLUSO LOS PACIENTES CON ALZHEIMER PUEDEN RECORDAR LOS CAMBIOS EN LA RUTINA, LOS DÍAS DE SALIDA Y LAS OCASIONES ESPECIALES. PARA QUE LA MEMORIA SE MANTENGA A PLENO RENDIMIENTO ES NECESARIO ESTIMULARLA.

Prestar atención

Tal y como escribió el autor inglés del siglo XVIII Samuel Johnson: «El verdadero arte de la memoria es el arte de la atención». No se puede aprender o recordar si no nos concentramos en la información que pretendemos retener. Asegúrese de no padecer problemas visuales o de audición que puedan interferir en su capacidad de atención. Muchas personas creen equivocadamente que pierden la memoria, cuando, en realidad, sus sentidos simplemente no captan todos los mensajes que precisan recordar.

ONDAS RADIOFÓNICAS
Superior: una buena emisora de radio es una de las mejores ayudas que puede conseguir para su memoria, pues le informa del tiempo y de las noticias durante todo el día.

Utilice las ayudas para la memoria

Los diarios, calendarios, agendas y las demás personas pueden ayudarnos a retener la información. Un par de palabras en un diario pueden convertir las tenues brasas de un recuerdo en una brillante llamarada.

Amplíe su mente

Si un determinado recuerdo se resiste, insista hasta que le venga a la memoria. Adquiera el hábito de confiar en que su memoria no falle e impóngase usted mismo el reto de recuperar los recuerdos borrosos. Para empezar, vuelva al lugar donde se encontraba, o a la tarea que realizaba, cuando pensó en algo por última vez, o siga un patrón de asociaciones en su mente hasta que llegue a la información que precisa. Mantenga el contacto con lo que parece estar a punto de recordar y utilice su memoria.

TECNOLOGÍA ACTUAL
Derecha: los ordenadores portátiles constituyen hoy en día una ayuda para la memoria y pueden contener una inmensa cantidad de información. Si necesita vaciar su mente de un exceso de datos, simplemente introdúzcalos en su ordenador y deje sitio para nuevas informaciones.

MANTENGA VIVA SU IMAGINACIÓN

La lectura de novelas, escuchar la radio, escribir poesía y la pintura son todas ellas maneras excelentes de potenciar la imaginación. Aristóteles creía que era imposible pensar sin evocar una imagen mental. No importa su edad, utilice sus experiencias y viajes en el momento de crear imágenes para las estrategias memorísticas expuestas en este libro. La memoria funciona mejor cuando se utiliza de la forma más natural. Busque nuevos elementos de aprendizaje, pero potencie todos los hábitos mentales correctos.

RECORDAR LOS SUEÑOS

Se propuso a los estudiantes de una clase hablar de sus suenos cada semana. Cada uno de ellos debía hablar de sus sueños y de su posible significado con el resto de la clase. Al principio, muchos de los estudiantes decían recordar muy pocos o ninguno de sus sueños. Sin embargo, pasadas pocas semanas, todos ellos se presentaban con sueños bien detallados. Curiosamente, también obtenían resultados considerablemente mejores en las demás asignaturas, practicaban más aficiones y mencionaban cambios positivos en su vida social, así como en su estado de ánimo y visión de la vida.

Todos nosotros soñamos siempre que dormimos. Si designa una de sus estructuras memorísticas como «almacén de sueños» será capaz de recordarlos más. En cuanto se despierte, elija algunas imágenes clave de su sueño y fíjelas en la estructura. Adquiera el hábito de hacerlo y revise regularmente su «almacén».

SOMNOLENCIA
Superior: «"¡Oh, tuve un sueño tan curioso!" dijo Alicia.» El clásico cuento de Lewis Carroll, Alicia en el país de las maravillas, *acaba con la comprensión de Alicia de que sus experiencias formaban parte de un sueño. Estudie las imágenes de sus sueños, ya que éstas le ayudarán a mantener su capacidad imaginativa y su mente realmente activa.*

SUEÑO, DIETA Y EJERCICIO

DESCANSAR Y DORMIR

Es fácil presuponer que la actividad mental más importante sucede durante los períodos de estudio intenso. Pero considere cuántas de sus mejores ideas y recuerdos más intensos se le ocurrieron durante los momentos de reposo. El filósofo griego Arquímedes gritó «¡Eureka!» mientras estaba en la bañera, y el físico británico Isaac Newton descansaba en su jardín cuando formuló la teoría de la gravedad. Ambos personajes se inspiraron en las cosas que les rodeaban (Arquímedes en el agua y Newton al ver caer una manzana), y es probable que un estado de relajación les hiciera especialmente receptivos. De la misma manera, encontrará que los recuerdos «perdidos» con frecuencia vuelven a nosotros cuando nuestra mente está tranquila y no ocupada en esa cuestión. Su cerebro requiere un reposo regular para alcanzar su máximo potencial; así pues, nunca considere el tiempo de descanso como un tiempo inútil.

TÓMELO CON CALMA
Imagen principal: sir Isaac Newton concibió la idea de la gravedad universal después de ver cómo una manzana caía del árbol, en su jardín, en 1665. El hecho de que disfrutara de unos momentos de relajación cuando la idea acudió a su mente resalta la importancia de la relajación como medio para mejorar la mente y la memoria. Designe una estructura mental para almacenar las ideas que se le ocurren durante los períodos de total reposo y estúdielas más tarde.

Para mantener un buen funcionamiento de la memoria también es importante un patrón regular de sueño. Dependiendo de la persona, necesitará dormir más o menos, pero todos sabemos cuándo no hemos dormido suficiente. El sueño puede servir como un tiempo para resolver problemas, conseguir más perspectiva, descansar y rejuvenecer la mente, de modo que es importante no subestimarlo nunca. Si tiene dificultades para dormir, siga todos los pasos necesarios y solucione la situación. Sencillamente, su memoria no trabajará si no le proporciona las suficientes horas de sueño.

EJERCICIO

Se ha demostrado que el ejercicio aeróbico mejora la calidad del sueño. La falta de ejercicio puede conducir a patrones irregulares de sueño y a aumentar las necesidades del mismo. Manténgase físicamente activo; su sueño será más reparador y agradable. ¿Por qué? En parte, porque una persona entrenada puede asimilar hasta dos veces más de oxígeno que alguien que no está en forma.

Así pues, cuanto mayor sea nuestra actividad, mejor será el aporte de oxígeno al cerebro. El cerebro humano

MANTÉNGASE
ACTIVO
*Derecha: un
cuerpo sano es
esencial para una
mente sana.*

representa tan sólo el 3 % de todo el peso corporal, pero puede utilizar hasta más de la mitad del oxígeno que inspiramos.

DIETA

Una dieta equilibrada es esencial para una buena memoria, porque aporta al cerebro todos los nutrientes que necesita. Algunas sustancias clave son especialmente importantes para las funciones mentales:

La LECITINA, que se encuentra en el pescado, la yema de huevo, el trigo y la soja, parece ser la clave para mantener un buen funcionamiento de la memoria. La lecitina se fragmenta en colina, y existen estudios que han demostrado que puede mejorar sensiblemente la potencia de la memoria.

ÁCIDO GLUTÁMICO, que se encuentra en los productos derivados de la leche, en el trigo entero y en la soja, constituye un gran combustible para el cerebro.

FENILALANINA, otro aminoácido que se encuentra en la carne, la leche, el queso y los huevos; es una de las materias que el cerebro utiliza para fabricar la norepinefrina, una sustancia esencial en el proceso de la memoria.

ÁCIDO RIBONUCLEICO (ARN); se cree que alarga la vida de las células cerebrales. Se encuentra en el marisco, el cual también contiene dimetil-amino-etanol, utilizado para la fabricación de las sustancias químicas que transmiten los mensajes eléctricos a través del cerebro. El dicho que asegura que el pescado alimenta el cerebro es más que una manía de los mayores.

Algunos medicamentos afectan a la memoria, por esta razón debe consultar con su médico si nota cambios en su capacidad para recordar mientras toma ciertos fármacos. Hoy en día, también existen en el mercado suplementos nutricionales que aseguran mejorar la memoria. Entre ellos se encuentran derivados del árbol *Ginkgo*, una especie de doscientos millones de años de antigüedad, que en China se utiliza desde hace alrededor de tres mil años. Otras plantas medicinales que se cree que estimulan la memoria son la salvia, el romero y la melisa.

Estudios recientes han demostrado que el mantenimiento de unos niveles normales de azúcar en la sangre es importante para una mejor capacidad mental. Comer varias veces a lo largo del día puede ser más beneficioso para la memoria que tomar sólo dos o tres grandes comidas.

CONSULTE
A SU MÉDICO
*Inferior: su
médico puede
sugerirle
fármacos
alternativos si
experimenta
cambios en la
capacidad de
su memoria.*

COMER BIEN
*Izquierda: mantenga su nivel de
vitaminas y minerales con cinco
raciones de fruta y verduras frescas,
como mínimo, al día. Reduzca la
ingesta de grasas, sal y azúcares,
que pueden llegar a ser muy elevados
en la comida preparada.*

RECORDAR EL PASADO

Cuanto más viejos nos hacemos mayor es la focalización en recuerdos de nuestro pasado. A pesar de que la memoria de hechos recientes puede fallar, nuestra capacidad para evocar momentos de la infancia parece ser más buena que nunca. Una de las razones por la que tenemos esta capacidad de recordar los sucesos del pasado consiste en que éstos los hemos manejado una y otra vez. Sin embargo, esta revisión continua también significa que la exactitud de los recuerdos puede ser dudosa. Explorar nuestra memoria a largo plazo, la memoria que guarda los acontecimientos de nuestro pasado, puede ser terapéutico y reconfortante, pero también puede darnos unas cuantas sorpresas.

Elija un recuerdo lejano sobre el que haya reflexionado e incluso explicado a los demás. Cierre sus ojos y deje que ese momento lejano invada su mente; incluya tantos detalles como le sea posible. Ahora, no importa lo real que parezca este recuerdo, pregúntese, ¿qué porcentaje de este suceso ocurrió realmente?

REESCRIBIR EL PASADO

Muchas personas averiguan que sus recuerdos más lejanos son una mezcla de varios elementos: sucesos actuales, fotografías, historias familiares y versiones idealizadas. En este caso, desempeña un papel importante un efecto por el que la información original se modifica lentamente con cada rememoración que hacemos de ella. Se dice que un recuerdo es tanto el recuerdo de un suceso original como un recuerdo de la

SACAR EL MÁXIMO PROVECHO AL TIEMPO
Imagen principal: dedique unos minutos cada día a rememorar viejos recuerdos y mantendrá la agudeza de su memoria mientras hace que su pasado forme parte de su enfoque positivo del presente y del futuro.

última vez que se rememoró. Podemos alterar lentamente un recuerdo y, más adelante, recuperar confiadamente la versión alterada. A ésta le seguirán otras alteraciones. Podemos sentirnos seguros de la exactitud de un determinado recuerdo, pero una investigación más a fondo descubriría un cierto número de inexactitudes y situaciones imposibles. Pregunte a otras personas que participaron en el hecho y consulte los apuntes de un diario y viejas fotografías para verificarlo. Es posible que descubra que sus recuerdos del pasado no están tan fijados ni son tan permanentes como posiblemente pensaba.

Tres días después de la explosión de la nave espacial Challenger, el 28 de enero de 1986, investigadores sobre la memoria invitaron a un grupo de voluntarios a recordar dónde estaban cuando se enteraron de la tragedia. Nueve meses después se indicó a los voluntarios que relataran nuevamente sus recuerdos.

El resultado: se dieron algunas discrepancias importantes entre los dos relatos. En los meses transcurridos, muchos de los recuerdos habían cambiado espectacularmente. Algunos de los voluntarios se hallaban con diferentes personas en las dos versiones; en ocasiones recordaban haber estado en dos lugares completamente distintos.

VIAJE EN EL TIEMPO

Naturalmente, muchos de sus recuerdos lejanos tendrán una gran exactitud;

además puede utilizar su mente entrenada para «viajar en el tiempo». Empiece por relajarse por completo y ponga en marcha su imaginación (*véase* el ejercicio de la página 43). Seguidamente, elija un solo detalle de un recuerdo lejano y observe qué más despierta en su mente. Deje que las asociaciones fluyan libremente junto a las imágenes y sensaciones evocadas.

Si el aprendizaje a través de la experiencia es importante, entonces este tipo de viaje en el tiempo es la manera perfecta para recordar éxitos y fracasos del pasado y extraer la mayor parte de las enseñanzas que nos han dejado. La naturaleza incierta de estos recuerdos significa que también puede manipularlos dentro de su imaginación, haciendo énfasis en las cosas que desea recordar y reduciendo al mínimo las que desearía olvidar.

COMPARTIR EL PASADO
Inferior: evidencias anecdóticas sugieren que el compartir regularmente los recuerdos y el recordar sucesos del pasado ayuda a mantener la memoria.

TÁCTICAS PARA RECUPERAR LOS RECUERDOS

El testimonio de los testigos puede ser esencial en ciertos procedimientos legales, por tanto, no debe sorprendernos que se hayan realizado investigaciones para encontrar la mejor manera de estimular la memoria de los testigos. En un interesante estudio llevado a cabo por Fisher y Geiselman en 1988 se desarrollaron cuatro estrategias clave. Cuando un hecho determinado o una parte de la información se muestra evasiva, intente aplicar las siguientes tácticas para recuperarla.

PRIMER PASO: REGRESAR A LA SITUACIÓN

Utilice su imaginación para volver al suceso que intenta recordar.

Se invita a los testigos a recrear todas las «condiciones» originales que les sea posible: ¿Qué tiempo hacía? ¿Cómo iba vestido? ¿Cómo se sentía?

Si su memoria parece huidiza, intente concentrar su mente en el momento en que se enteró de un determinado fragmento de la información. En ocasiones, sólo con recordar dónde nos encontrábamos es suficiente para despertar la memoria. Con frecuencia, el recuerdo está ligado al contexto; por ejemplo, es normal encontrarse con alguien que conocemos en un lugar no habitual y tener problemas para recordar quién es. Así pues, intente recrear todos los posibles elementos contextuales del suceso, incluidas las condiciones psicológicas tales como su estado de ánimo y el nivel de alerta o fatiga. Las personas bajo la influencia del alcohol tienen a menudo dificultad para recordar qué hacían cuando estaban ebrios, hasta la próxima vez que beben, es decir, cuando se restaura el contexto original. Nuestra entrenada imaginación nos permite regresar al momento en que recibimos por primera vez la información.

CONDICIONES PARA RECORDAR	
¿Tiempo?	lluvia
¿Vestimenta?	traje de chaqueta
¿Estado de ánimo?	bien, veo un bar
¿Compañía?	Linda, Susana
¿Hablaban de?	nueva secretaria
¿Comida?	hamburguesas
¿Sucesos curiosos?	Hare Krishna
¿Tráfico?	mensajeros

SEGUNDO PASO: CONCENTRARSE EN LOS DETALLES

Intente concentrarse en todos los detalles, incluso en aquellos que parecen irrelevantes. A menudo, los testigos advierten que su memoria mejora cuando remarcan un detalle de lo sucedido y, después, siguen con una cadena de asociaciones. Si sólo viene a su mente una parte del recuerdo, deje que los detalles aparentemente sin valor le proporcionen un punto de partida y vea adónde le llevan las asociaciones.

PISTAS IMPORTANTES
Las llaves, los coches y el perro son eslabones de la cadena.

TERCER PASO: LAS IMÁGENES MENTALES EN UNA SECUENCIA DIFERENTE

En el caso de un testigo ocular de un robo, éste puede significar empezar por el momento en que pierde de vista al ladrón y revivir los elementos del delito en sentido contrario. Después de un accidente de tráfico, puede que se invite a los testigos a describir el momento del choque entre los dos coches y, después, a explicar qué es lo que pasó antes y a continuación. Si considera que algunas imágenes han desaparecido de su mente, utilice las pistas en sentido inverso.

ESCENA DEL ACCIDENTE
Cuando hay heridos o se ha cometido un delito, la memoria puede fallar más de lo habitual debido a la conmoción.

CUARTO PASO: CAMBIO DE PERSPECTIVA

Describa un incidente desde puntos de vista distintos. ¿Cómo se vería el robo a través de los ojos del ladrón, o desde el punto de vista de un transeúnte? ¿Cómo se vio el accidente desde el interior de uno de los coches o desde un helicóptero que sobrevolaba la zona?

Dentro de las estructuras mentales, los ojos de la mente pueden cambiar de posición y ver las informaciones de distintos ángulos. En la vida real, la imaginación también puede darnos una nueva perspectiva de la vida. Si ha perdido algo en su trabajo, por ejemplo, usted puede visualizar sus movimientos a través de otros ojos y llegar al lugar donde lo vio por última vez.

DESDE TODOS LOS ÁNGULOS
Mire las situaciones desde todos los ángulos para ampliar su criterio.

PENSAMIENTO GLOBAL

EL OBJETIVO ÚLTIMO DE TODAS LAS ESTRATEGIAS DE ESTE LIBRO ES ESTIMULAR EL PENSAMIENTO GLOBAL, EL NIVEL MÁS EFECTIVO, EFICAZ Y DIVERTIDO DE LA FUNCIÓN MENTAL. CUANDO PENSAMOS GLOBALMENTE, TODA NUESTRA MENTE TRABAJA CON EL MISMO FIN.

NUESTROS DOS CEREBROS
Inferior: las técnicas de memoria más eficaces utilizan los hemisferios tanto derecho como izquierdo del cerebro.

El carácter de la memoria cambia a lo largo de la vida, a medida que cumplimos años, pero las estrategias naturales del pensamiento global pueden combinarse para obtener un enfoque potente e inalterable. Utilice su memoria de la misma manera que algunos de los grandes pensadores de la historia utilizaron la suya y será capaz de mantener un sorprendente nivel de potencia mental.

En los años sesenta, el profesor californiano Roger Sperry identificó un aspecto crucial de la función cerebral que conforma la base del concepto del pensamiento global. Demostró que el cerebro humano es, en realidad, *dos* cerebros, dado que existen diferencias vitales entre el hemisferio derecho y el izquierdo.

El hemisferio derecho domina el pensamiento imaginativo. Gusta de las imágenes, los colores, las formas y produce ideas y sueños. El hemisferio izquierdo domina materias como la lógica. Procesa palabras, números y listas; analiza y comprueba; toma decisiones racionales.

Desde ese momento, las investigaciones realizadas sobre los dos hemisferios cerebrales han revelado que los pensadores más reconocidos combinan las regiones cerebrales de la lógica y la intuición, utilizando todo el cerebro para conseguir un pensamiento *global*. Al emplear las técnicas expuestas en este libro, usted será capaz de poner en juego al mismo tiempo ambos hemisferios.

En las mejores estrategias de memoria, las escenas imaginativas, coloristas y divertidas (hemisferio derecho) se hallan incluidas dentro de patrones y estructuras ordenados (hemisferio izquierdo). El explorar las imágenes a través de patrones instintivos de asociación (hemisferio derecho) nos permite extraer conclusiones racionales y tomar decisiones lógicas y planificadas (hemisferio izquierdo).

También podríamos decir que el pensamiento global combina los patrones de pensamiento infantil con los del adulto en una única manera de aprender. Los niños aprenden de forma natural gracias a su manera curiosa e imaginativa de ser. Los libros y las lecciones estimulan su pensamiento con imágenes e historias; domina su hemisferio derecho.

Con la edad, el hemisferio izquierdo pasa por delante. El aprendizaje de las materias se hace lógico; así es como de adultos solemos enfrentarnos a la información nueva de forma muy poco imaginativa. Algunos de nosotros tenemos una tendencia natural hacia el hemisferio derecho o izquierdo, depende de nuestros intereses y carácter, pero en

términos generales el enfoque «adulto» está subordinado al hemisferio izquierdo, y, por tanto, carece de muchos de los beneficios de la actividad del hemisferio derecho. Separadamente, ambos hemisferios son incompletos. Los niños parecen aprender más deprisa, pero su pensamiento tiende a ser desorganizado: tienen dificultad para estructurar y priorizar la información. Los adultos piensan de un modo más ordenado, pero pueden tener dificultades para emitir juicios, utilizar sus sentidos, aprender y explorar una materia nueva de forma imaginativa.

Este contraste en la forma de aprender es increíblemente poderoso. Muchos de los grandes pensadores de la historia sirven de ejemplo de pensamiento global.

LA DECADENCIA
DE LA JUVENTUD
Superior e inferior: la gran caja de objetos perdidos de cualquier guardería pone en evidencia que los niños olvidan un gran número de cosas, incluso piezas de vestir importantes.

WOLFGANG AMADEUS MOZART

En el libro *Una mente extraordinaria*, Howard Gardner apuntó que Mozart era un entusiasta de las matemáticas y las lenguas, así como de la música. Parece que su carácter fue una mezcla vigorizadora de los principios del hemisferio derecho y del izquierdo.

Gardner escribió: «Mozart representó un extremo en la amalgama de lo joven y loco, por una parte, y la madurez y la sabiduría, por otra. Todos los maestros (todos los creadores) combinan lo infantil con lo adulto, incluso muchos piensan que esta fusión constituye un aspecto indispensable de su genialidad».

Mozart fue, por instinto, un pensador global, y sabemos que su memoria fue prodigiosa. En una ocasión, cuando todavía era un niño, pudo escuchar el *Miserere* de Gregorio Allegri, una compleja pieza sacra, que debido a los dictados de la iglesia no podía sacarse de la capilla donde se guardaba. La transcribió entera, de memoria. Más adelante, un maestro comprobó la exactitud y sólo encontró un mínimo error.

NIÑO SUPERDOTADO
Con escuchar una pieza de música una sola vez, Mozart era capaz de transcribirla de memoria nota a nota.

ALBERT EINSTEIN

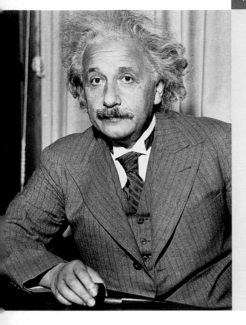

Einstein fue expulsado del colegio por mal comportamiento. A pesar de su aparente distracción, disfrutaba de una mente increíblemente inquisitiva. A lo largo de su vida se sintió fascinado por muchos temas y ocupaciones (en sus últimos años de vida tocó el violín y fue un buen navegante).

Einstein combinaba el pensamiento imaginativo con el análisis racional para hacer sus grandes descubrimientos. Extrajo conclusiones sobre el universo que fueron la base de muchas de sus innovadoras teorías. El imaginarse cabalgando sobre un rayo de luz, a la velocidad de la luz, le ayudó a enunciar su ecuación más famosa: $E = MC^2$, la teoría de la relatividad.

SOÑAR DESPIERTO
Einstein describió un sueño en el que cabalgaba sobre un rayo de sol hacia el final del universo; cuando llegó al «final», se encontró de vuelta en el punto de partida.

LEWIS CARROLL

Profesor de matemáticas en la Christ Church de Oxford, Lewis Carroll (cuyo verdadero nombre era Charles Dodgson) escribió libros y artículos de lógica. También escribió una novela de fantasía, una obra maestra de imágenes rocambolescas y situaciones ilógicas: *Las aventuras de Alicia en el país de las maravillas.*

Alicia es una mezcla de pensamientos del hemisferio derecho e izquierdo. Su extraño viaje sigue un patrón claro, pero que, con frecuencia, no tiene sentido. Lleno de caracteres imprevisibles y coloristas, humor, violencia, sensaciones y fuertes emociones, constituye un gran ejemplo de pensamiento infantil y remarca la importancia de la lógica. Carroll se sentía fascinado por la memoria. Escribió varios artículos sobre el tema, y el libro de *Alicia* se hace fácilmente un lugar en la memoria del lector.

IMÁGENES MÁGICAS
El Conejo Blanco es una visión perdurable de la imaginación infantil, tal y como se presenta en las clásicas historias de fantasía de Carroll.

LEONARDO DA VINCI

El hombre que pintó la *Mona Lisa* también diseñó máquinas para volar y tanques, diseños que han llegado hasta nuestros días a través de sus notas, lo que demuestra su particular manera de pensamiento global.

Las obras de arte de Leonardo fueron creadas con gran atención hacia los detalles técnicos. Sus notas, las cuales nos indican que empleaba fuentes controladas de luz, demuestran una comprensión de la física. También realizó detallados registros de los colores exactos, precisos, para diferentes zonas de sus pinturas; tenía un enfoque extremadamente racional del proceso creativo.

Por otra parte, sus diagramas técnicos son demasiado artísticos e imaginativos. Los cuatro principios clave que identificó aumentan su genialidad:

1 Estudio del arte de la ciencia

2 Estudio de la ciencia del arte

3 Aprender a ver y a usar todos los sentidos

4 Estudio del conocimiento que lo relaciona todo

ALCANZAR NUEVOS NIVELES DE PENSAMIENTO
Permita que sus impulsos mentales hacia el orden y el azar trabajen juntos y solapados. De esta manera adquirirá una sorprendente capacidad para aprender.

REVOLUCIONE SU VIDA

AHORA QUE SABE CÓMO FUNCIONA LA MEMORIA Y CÓMO SACAR PROVECHO DE SU INCREÍBLE PODER, ES EL MOMENTO DE HACER ALGO. ADAPTE LAS NUEVAS TÉCNICAS PARA QUE SE AJUSTEN A SUS NECESIDADES. ESTABLEZCA METAS PERSONALES PARA UN DESARROLLO FUTURO Y EMPIECE A TRANSMITIR A OTRAS PERSONAS LOS BENEFICIOS DE MEJORAR LA MEMORIA. ÉSTA PUEDE AYUDARLE A CAUSAR SENSACIÓN EN EL MUNDO, LE PERMITIRÁ SOBRESALIR Y SER RECONOCIDO COMO INDIVIDUO.

RECORDAR QUE HAY QUE RECORDAR

CON EL FIN DE MANEJAR EL TIEMPO CON EFICACIA, NECESITA NO OLVIDAR SUS TAREAS Y RESPONSABILIDADES. EN ESTE APARTADO ENCONTRARÁ INFORMACIÓN SOBRE CÓMO DISTRIBUIR LOS TRABAJOS EN LISTAS FÁCILES DE MEMORIZAR Y CÓMO RECORDARLOS EN EL MOMENTO ADECUADO.

Todos hemos pasado por la experiencia de comenzar a recoger para salir del trabajo y darnos cuenta, en el último momento, que una tarea quedó sin hacer. Si se hubiese hecho en su momento, hubieran sido sólo diez minutos; ahora necesitaremos una hora.

ELIJA UN LUGAR ESPECIAL

Si siente que olvida fácilmente las tareas cotidianas, intente diseñar un almacén específico dedicado a memorizarlas. Elija un lugar que vea cada día (la casa de su vecino, por ejemplo, o un supermercado o una iglesia que puede contemplar desde su casa) y divídalo en diez zonas; piense en él como un único espacio donde colocar las imágenes.

Cada vez que piense en una tarea, recuerde una imagen que la represente; exagérela y fíjela en su lugar, dentro de su almacén mental, de la forma más fácil posible de recordar.

Puede imaginarse a sí mismo sujetando en alto una pesada bolsa de la compra como recordatorio de ir a comprar. Como aviso para ingresar el cheque puede imaginarse que empapela toda una pared con cheques.

A lo largo del día, vuelva mentalmente a su almacén memorístico de «cosas por hacer» y revise las pistas visuales que ha dejado. Es importante que cada vez que pase por el escenario real piense en su lista. De esta manera, revisará su memoria regularmente y con el tiempo se convertirá en un hábito. En cuanto haya completado una tarea, puede eliminar su imagen. Utilice las técnicas de visualización para tirar la bolsa de la compra o arrancar los

ENSAYO DE LA MEMORIA
Inferior: piense en las tareas habituales que olvida realizar con frecuencia y priorícelas en su sistema «recordar que hay que recordar». Por ejemplo, devolver los libros a la biblioteca, dar de comer al gato o recoger el traje en la tintorería.

PONGA EN FUNCIONAMIENTO SU MENTE
Inferior derecha: cuando utilice técnicas de memoria se sentirá tan satisfecho como un dibujo de un cómic al que se le enciende la bombilla situada encima de su cabeza al ocurrírsele una buena idea.

cheques de la pared. Las pistas visuales sólo necesitan permanecer allí hasta que han cumplido con su propósito.

SIGA UTILIZANDO LA IMAGINACIÓN
Su imaginación también puede, en un momento determinado, ayudarle a realizar las tareas. Visualice dónde estará cuando llegue el momento de comprar o realizar una llamada telefónica y concéntrese en un determinado detalle de ese lugar, algo en lo que seguro se fijará. Seguidamente, cree una imagen para que le sugiera la tarea que desea recordar. Relacione esa imagen con el detalle de una manera imaginativa.

Quizás imagine una bola de golf que viene hacia usted desde el reloj del abuelo de un amigo; esto le recuerda que debe preguntarle sobre su próxima partida. Si piensa en fragmentos de cristal roto que caen desde un carro de la compra, recordará que debe comprar bombillas la próxima vez que vaya al supermercado.

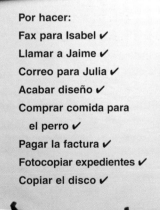

Por hacer:
Fax para Isabel ✔
Llamar a Jaime ✔
Correo para Julia ✔
Acabar diseño ✔
Comprar comida para
 el perro ✔
Pagar la factura ✔
Fotocopiar expedientes ✔
Copiar el disco ✔

Imagínese a sí mismo de pie en el lugar en cuestión observando el detalle clave, que le sorprenderá convirtiéndose en la pista visual. Intente imaginar el contexto: ¿Cómo se sentiría si estuviese allí? ¿Qué le recordarían las imágenes? Añada tantas emociones como pueda a su visualización y pruebe cómo funciona realmente esta estrategia.

Cuando se encuentre en la localización real, tendrá la sensación de que debería recordar algo. Al ver el detalle clave, éste estimulará su memoria y aparecerá la imagen.

Supongamos que se encuentra sentado en casa de su amigo y ve el reloj del abuelo. Si ha preparado su visualización, recordará la bola de golf que le da en la cara; en ese momento, sabrá qué quería comentar.

DISEÑE UN ALMACÉN
Izquierda: cree un lugar especial en su mente para recordar todas las tareas que debe realizar en un día. Por ejemplo, puede visualizar una pizarra de recados, un edificio familiar o incluso una simple caja.

CONSIGA QUE LOS DEMÁS LE RECUERDEN

EN MUCHAS SITUACIONES NO ES SUFICIENTE CON TENER UNA
BUENA MEMORIA, SINO QUE TAMBIÉN ES MUY IMPORTANTE
QUE LOS DEMÁS NOS RECUERDEN CON LA MISMA EFICACIA.

Una vez que sabemos cómo desarrollar una memoria poderosa,
podemos utilizar las técnicas para fijar nuestra imagen en la
memoria de los demás. El resultado será que causaremos una
impresión perdurable en nuestros interlocutores laborales, con
los que crearemos y mantendremos estrechas relaciones, que
provoquen encuentros eficaces, y haremos presentaciones
que impacten a los que nos escuchen. Simplemente, siga las
diez reglas siguientes:

1 AYUDE A LOS DEMÁS A RECORDAR SU NOMBRE

Asegúrese de que la gente que le
presentan oye correctamente su nombre;
un comentario casual puede ayudarles
a recordarlo. Quizá tiene el mismo
nombre que un amigo común. Tal
vez tenga un tocayo famoso. Puede
deletrear su nombre y explicar su
significado o hacer un chiste sobre
él. Antes de partir, repita los puntos
importantes y ofrezca siempre al nuevo
conocido su tarjeta de visita como un
recordatorio más.

¿QUÉ HAY EN UN NOMBRE?
*Nuestro nombre nos define y nos identifica;
asegúrese siempre de que la gente le recuerda.*

2 HABLE CON IMÁGENES

Los grandes oradores han utilizado siempre imágenes llamativas, símiles y metáforas para que sus palabras sean más fáciles de recordar. Tendemos a olvidar los discursos abstractos, por tanto, asigne imágenes a los conceptos clave. Al realizar una presentación, puede describir cómo funciona una cosa, y permitir al auditorio que imagine el proceso. Alternativamente, puede asemejar un objeto a otro. Piense en cómo los dibujos, cuentos y fábulas infantiles presentan ideas complejas bajo una apariencia simple.

UTILICE IMÁGENES CREATIVAS
Para explicar una enfermedad, un médico puede hacer una analogía entre el proceso de dicha enfermedad y el avance de un ejército enemigo que queda bloqueado por los soldados, que representan a las células del organismo.

3 DÉ ESTRUCTURA A SUS PALABRAS

La información en forma de imágenes y sensaciones activa la función del hemisferio derecho, pero para estimular de la misma manera el hemisferio izquierdo es necesaria una estructura de ideas organizada. Presente siempre las ideas en un orden lógico. Si las personas que le escuchan pierden el hilo de lo que dice, no recordarán nada.

DISPONGA DE FICHAS MENTALES
Guíe a su auditorio a través de la estructura de su charla, en lugar de enfrentarlos a una maraña de información.

4 EMOCIONE A SU AUDIENCIA

La memoria está estrechamente conectada con las sensaciones, así pues, es importante emocionar a su audiencia en la medida de lo posible. Incluya algo de humor, sorpresa y, quizás, algo de inspiración. Un estado relajado pero atento es el mejor transmisor.

HÁGALO DIVERTIDO
Haga todo lo posible para implicar a los que le escuchan en lo que dice mediante la utilización de elementos originales.

5 PRESENTE LA INFORMACIÓN DE VARIAS FORMAS

Algunas personas aprenden mejor si ven la información; otras aprenden al escucharla. Dé a su público varias opciones de captar lo que dice. Si se sirve de ayudas visuales, utilice imágenes sencillas y evocadoras. También puede recurrir al «audio».

MEZCLE LOS MEDIOS
*Presente la información
de diferentes maneras.*

6 PRESTE ATENCIÓN AL RITMO DE LOS RECUERDOS

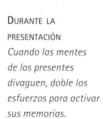

Su auditorio será más receptivo al principio y al final de la presentación. Es interesante utilizar la mayor parte de este tiempo en repasar los puntos principales de la charla. A mitad de la misma, las mentes de su auditorio empezarán a divagar; haga un esfuerzo suplementario para reforzar lo que dice en ese momento.

DURANTE LA PRESENTACIÓN
Cuando las mentes de los presentes divaguen, doble los esfuerzos para activar sus memorias.

7 ENSAYE SU ACTUACIÓN

La gente le recordará más rápidamente si les da una imagen de confianza, conocimientos y fluidez. Intente siempre presentar la información de memoria y ensaye las presentaciones importantes frente a un espejo.

PIÉNSELO, HÁGALO
Ensaye frente a un espejo o una cámara de vídeo para mejorar su actuación.

8 FACILITE EL RECUERDO DE LA DOCUMENTACIÓN

Tenga en cuenta la documentación que reparte (folletos, guiones o notas). Si las personas deben recordar el contenido de dicha documentación, también debe aplicar a ésta los principios mnemotécnicos. Asegúrese de que todo está claro y de que se han destacado los puntos clave con color o con imágenes.

FACILITE SU LECTURA
Haga que su documentación sea atractiva y accesible.

9 MOTIVE A LA GENTE PARA QUE LE RECUERDE

Dé a los que le escuchan razones claras para realizar el esfuerzo mental de recordar lo que ha de decir. Quizá pueda ayudarles a ganar dinero, mantenerse a salvo, ganar tiempo o aprobar un examen. Estimule la motivación de su auditorio antes de empezar, gánese su interés y repita nuevamente los principios de la motivación al finalizar.

ENFATICE LOS BENEFICIOS
Si existe una recompensa, como el dinero o un certificado, sus palabras se recordarán con mayor facilidad.

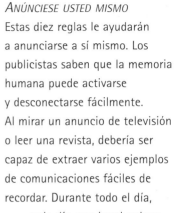

ANÚNCIESE USTED MISMO

Estas diez reglas le ayudarán a anunciarse a sí mismo. Los publicistas saben que la memoria humana puede activarse y desconectarse fácilmente. Al mirar un anuncio de televisión o leer una revista, debería ser capaz de extraer varios ejemplos de comunicaciones fáciles de recordar. Durante todo el día, cada día, nos bombardean con mensajes llenos de poderosas imágenes, humor, sorpresa y emoción. Los publicistas se introducen en nuestras memorias sin pedir permiso, y usted puede utilizar muchas de estas mismas técnicas para venderse a sí mismo si quiere que le recuerden.

Decida cómo quiere que piensen los demás de usted, y, después, asegúrese de que presenta esa faceta de sí mismo en la forma más fácil de recordar. En una entrevista de trabajo, por ejemplo, podría contar una historia vívida sobre un determinado logro, creando imágenes, evocando emociones y asegurándose de que le recuerdan por sus éxitos más notables del pasado.

10 DISPONGA DE ESTRATEGIAS MNEMOTÉCNICAS PARA EL FUTURO

Si ayuda a otras personas a aprender con eficacia, sólo tiene que darles sencillos recordatorios para después recuperar la información con facilidad. Si las personas que ha conocido previamente no le recuerdan al instante, facilíteselo; simplemente vuelva a decirles su nombre y recuérdeles su primer encuentro. Utilice el hecho de que usted es capaz de recordar para ayudar al otro a recordar.

DAR PISTAS
Elija los factores más fáciles de memorizar para ayudar a estimular la memoria del otro.

EL CAMINO DIRECTO

EN CUANTO SABEMOS CÓMO RECORDAR,
SIMPLEMENTE DEBEMOS EMPEZAR A HACERLO.

Hace mucho que usted usa su memoria y su pensamiento de la misma forma y puede llevarle algo de tiempo deshacerse de los viejos patrones. Vaya despacio e introduzca gradualmente las nuevas técnicas. Durante una temporada sentirá poco natural su nueva forma de utilizar la memoria. Con paciencia, las estrategias de este libro se harán instintivas y sustituirán los malos hábitos del pasado.

AL INICIAR EL DÍA...

- Invierta unos momentos en recordar sus sueños (*véase* página 147). Relaje su mente, concéntrese en las imágenes y sucesos que puede recordar y considere si puede aprender algo de ellos en el día que comienza. Fije cualquier imagen especialmente significativa o útil en una estructura memorística con la que esté familiarizado.

- Utilice su entrenada imaginación para visualizar el día que tiene por delante. Recuérdese a sí mismo los retos con los que debe enfrentarse e imagínese superándolos con éxito. Destaque cualquier tipo de miedo o preocupación y trabaje en la alteración de las imágenes mentales para estimular las emociones positivas.

- Compruebe su almacén mental a fin de repasar las tareas importantes (*véanse* páginas 160-161).

- Cree imágenes recordatorio para cualquier tarea o hecho que es posible que olvide fácilmente (*véase* página 161).

En el transcurso del día...

● Consulte regularmente su almacén para cumplir todas las tareas necesarias.

● Utilice toda su energía para recordar lo siguiente:

Nombres y caras (*véase* página 87).

Códigos PIN, números de teléfono y fechas (*véanse* páginas 74-77).

Nuevas técnicas y habilidades (*véanse* páginas 78-79).

Itinerarios (*véanse* páginas 98-101).

Al finalizar el día...

● Decida qué nuevas informaciones necesita saber en el futuro, especialmente nombres y caras, y cree pistas suplementarias para mantener sus recuerdos a punto.

● Concéntrese en las tareas que deberá cumplir al día siguiente y piense en nuevas imágenes a añadir a su almacén mental.

● Invierta unos minutos en prepararse para los futuros retos, ensaye mentalmente su actitud y establezca la mejor estrategia mental.

● Utilice su controlada imaginación para relajar completamente su mente y prepararla para sueños creativos, inspirados y memorables.

PRUEBA FINAL DE PROGRESO

EL OBJETIVO DE ESTA SÉPTIMA Y ÚLTIMA PRUEBA ES
COMPROBAR SUS ADELANTOS DESDE EL PRIMER CONSEJO
DE LAS PÁGINAS 17–18.

Al leer este libro ha experimentado con un gran número de estrategias de memoria, que le han exigido la utilización de la imaginación. Ahora tiene la oportunidad de comprobar si las estrategias se han convertido en parte de su vida cotidiana.

Piense en lo lejos que ha llegado desde que ha conocido por primera vez las técnicas de memoria; cómo se ha divertido al usar historias e imágenes para almacenar la información, con la creación de estructuras mentales personalizadas basadas en la vida real o en los lugares inventados y al aplicar referencias visuales para cada fragmento de información a recordar. Antes de empezar la prueba, revise nuevamente las técnicas. No se asuste ante la finalidad de la prueba, precisamente éste es el comienzo del nuevo estilo de vida de su memoria: confianza y gran diversión.

NOMBRES Y CARAS

TIENE DOS MINUTOS PARA ESTUDIAR
A ESTAS DIEZ PERSONAS:

Tamara Gómez
Sebastián Pérez
Claudia Lima
Daniela Ferrari
Silvia Martínez
Patricia Rodríguez
Teófilo Higueras
David Madrazo
Victoria Sánchez
Maite Luango

PALABRAS

REPASE LAS SIGUIENTES PALABRAS DURANTE
COMO MÍNIMO DOS MINUTOS.

bicicleta	cuchillo
prismáticos	anillo
manzana	galleta
sándwich	patio
médico	quince
agua	
sombrero	
caracola	
librería	
manos	

NÚMEROS

AHORA CUENTA CON CINCO MINUTOS
PARA MEMORIZAR LOS SIGUIENTES
NÚMEROS DE TELÉFONO:

Adrián	5690234
Juan	9902378
Paulina	8209735
Andrés	90234851
Ana María	6523909
Julia	534782

LISTAS DE PALABRAS

INVIERTA CINCO MINUTOS PARA ESTUDIAR ESTAS DOS LISTAS:

LISTA A	LISTA B
1 vino	1 lavar el coche
2 pimienta	2 envolver regalos
3 café	3 dar de comer al perro
4 lechuga	4 lavar los platos
5 pescado	5 pintar la cocina
6 champiñones	6 arreglar la bañera
7 tarta	7 correo
8 cucurucho de helado	8 llamar a Ricardo
9 patata	9 comprar el regalo de Carlos
10 puerros	10 devolver los libros a la biblioteca

¿CÓMO LO HA HECHO?

AHORA TIENE LA OPORTUNIDAD DE EVALUAR SUS NUEVAS TÉCNICAS DE MEMORIA.
RECUERDE NO PONERSE NERVIOSO Y DISFRUTAR DEL RETO.

NOMBRES Y CARAS

¿CUÁNTOS NOMBRES DE LA LISTA ES CAPAZ DE RECORDAR?
CUENTE UN PUNTO POR CADA NOMBRE DE PILA Y OTRO
POR CADA APELLIDO.

NÚMEROS

¿CUÁNTOS NÚMEROS DE TELÉFONO ES CAPAZ DE RECORDAR?
CUENTE CINCO PUNTOS POR CADA NÚMERO
RECORDADO CORRECTAMENTE.

Adrián ....   **Andrés** ....

Juan ....   **Ana María** ....

Paulina ....   **Julia** ....

LISTAS DE PALABRAS

INTENTE ESCRIBIR DE MEMORIA LAS LISTAS A Y B Y COMPRUEBE
SU EXACTITUD. CUENTE UN PUNTO POR CADA PALABRA
RECORDADA EN LA POSICIÓN CORRECTA.

LISTA A	LISTA B
1	1
2	2
3	3
4	4
5	5
6	6
7	7
8	8
9	9
10	10

PALABRAS

INTENTE ESCRIBIR DE MEMORIA LA LISTA DE PALABRAS.
HABÍA QUINCE PALABRAS; CUENTE DOS PUNTOS
POR CADA PALABRA RECORDADA.

MÁS PRÁCTICAS

ADEMÁS DE PRACTICAR LAS ESTRATEGIAS MNEMOTÉCNICAS EN SU VIDA COTIDIANA, REGULARMENTE DEBERÍA VOLVER SOBRE ESTAS PÁGINAS PARA ENFRENTARSE A UN RETO SUPLEMENTARIO.

La memoria necesita ejercitarse con regularidad, y usted puede utilizar estos lotes de información para completar su trabajo mental, siempre que disponga de unos momentos libres. Practique memorizando estos nombres y apellidos, así como las listas de palabras de la página siguiente, y plantéese retos memorizando secuencias cada vez más largas de números y cartas. Controle su exactitud y velocidad y estimúlese siempre a mejorar su trabajo.

Nombres

Cristina Miralles	Norma Valiente	Carmen Baliarda
Bruno Fernández	Enrique Peral	Federico Álvarez
Amelia Yáñez	Gloria Méndez	Félix Páramo
Felipe Rondés	Dolores Diéguez	Yolanda Godino
Catalina Morales	María Benavides	Gerardo Sánchez
Diego Solana	Miguel Ángel Rufas	Moisés García
Cristóbal Muñoz	Magdalena Apellániz	Josefina Almagro
Linda Fuentes	Carlos García	Isabel Caparrós
David Ronaldo	Elena Anglada	Joaquín Corominas
Marco Prego	Esteban Oromí	Casilda Cerdán

PALABRAS

pastel	catástrofe	hueco	cocina	meandro
roto	obrero	mina	flor	volcán
limón	ratón	bebé	tijera	maligno
sombrero	zapatos	rojo	corto	jueves
peine	sombra	cinc	pacto	vino
gobernador	portátil	dinero	rosa	costa
uña	comodidad	celos	cereza	interrumpir
pisada	vía de tren	sobrio	diosa	dado
relámpago	puntilla	fruta	plaza	permiso
obispo	máquina	florero	nivel	sí
perro	lana	balón	taza	arco
amarillo	golondrina	estar	cucurucho	afilar
campo	alma	hambriento	maleta	habitual
tila	manzana	vendaje	bien	tortuga
miniatura	cebra	silla	guantes	pera
botón	botón	salto	cocina	hola
barco	barco	jardín	pin	mantener
vaso	vaso	encima	rebelde	suelo
almohada	almohada	corral	frío	electricidad
establo	establo	lleno	ratón	eterno
	ajedrez			
	cabeza			
	malo			
	cartas			
	pelota			
	luz			

NÚMEROS

2 0 0 1 3 0 4 2 9 7 8 6 3 5 9 1 6 3 0 9 6 3 9 2 0 5 7 9 2 6 0 3 9 3 1 9 2 6 3 0 7 9 5 6 3 8 7 9 2 6

3 0 2 0 8 5 3 0 9 0 5 3 9 3 0 9 0 5 0 3 4 9 5 7 9 9 8 4 3 0 9 2 0 5 3 6 9 2 3 0 4 2 3 0 7 4 6 5 3 7

8 6 5 3 7 8 6 3 5 0 9 6 0 3 5 6 0 9 4 5 2 6 0 4 9 5 8 5 3 7 9 5 9 3 4 5 1 7 6 8 9 2 3 1 2 9 9 5 3 2

4 7 3 2 1 4 9 5 7 4 2 0 9 0 1 9 8 0 8 9 5 2 9 5 0 2 9 7 8 2 0 7 8 9 4 3 7 5 9 2 0 1 5 0 2 6 9 5 4 2

9 6 7 5 2 6 0 2 0 4 6 9 5 7 9 8 3 1 2 4 3 2 0 9 5 5 5 2 0 5 6 2 5 8 2 0 6 3 4 1 3 0 8 5 3 4 1 0 7 9

CARTAS

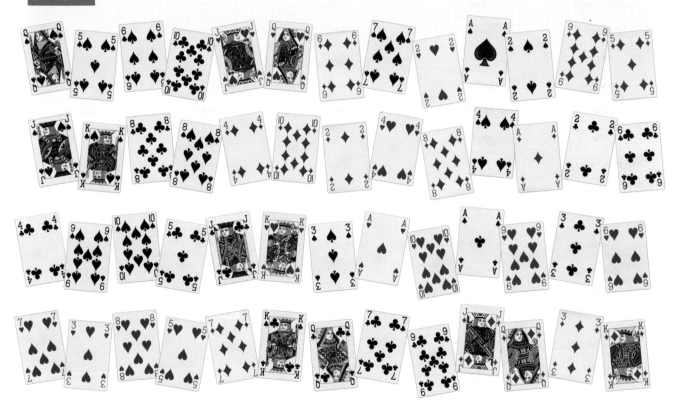

EVALÚESE USTED MISMO

Para sacar el máximo partido a sus nuevas técnicas de memoria, desafíese
a memorizar información no relacionada con sus experiencias cotidianas.
Elija objetos que le sean poco familiares, no incluidos en este libro. Al
exponerse a nuevos tipos de información, puede adaptar sus técnicas,
lo que le permitirá ampliar su control mental y sus conocimientos generales.

ÍNDICE

AGRADECIMIENTOS

QUARTO AGRADECE A IMAGE BANK
LAS FOTOGRAFÍAS UTILIZADAS EN ESTE
LIBRO: SUPERIOR IZQUIERDA PÁGINA 22 Y
SUPERIOR IZQUIERDA PÁGINA 156. TODAS
LAS RESTANTES FOTOGRAFÍAS SON PROPIEDAD
DE QUARTO.
QUARTO TAMBIÉN AGRADECE A JONATHAN
FERGUSON EL PRÉSTAMO DEL SOPORTE
FOTOGRÁFICO UTILIZADO A LO LARGO DE TODO
EL LIBRO.